James Bruan

DE L'ÉGYPTE

APRES LA BATAILLE

D'HÉLIOPOLIS.

DE L'ÉGYPTE

APRÈS LA BATAILLE

D'HÉLIOPOLIS,

ET

CONSIDÉRATIONS générales sur l'organisation physique et politique de ce pays.

PAR LE GÉNÉRAL DE DIVISION REYNIER.

Avec une carte de la Basse-Egypte.

PARIS,

CHARLES POUGENS, Imprimeur-Libraire, quai Voltaire, n.° 10.

AN X. — 1802.

AVANT-PROPOS.

La relation de tous les combats, ou plutôt de chaque victoire de l'armée d'Orient, pendant son établissement en Egypte, jusqu'à la bataille d'Aboukir, a été publiée par le général Berthier. Les circonstances m'ont engagé à traiter une autre époque, celle qui a suivi la bataille d'Héliopolis. J'ai cru devoir réunir des matériaux exacts, pour l'histoire des derniers temps de l'expédition; et quoique l'impartialité soit difficile à conserver, lorsqu'on écrit sur des événemens dans lesquels on a joué un rôle, j'ai tâché de ne pas m'en écarter. J'ai toujours à retracer la constance et la bravoure des soldats français : mais ce n'est plus une suite de victoires brillantes comme sous Bonaparte ; ce n'est plus une campagne comme celle d'Héliopolis ; je dois décrire des revers. Il faut, pour l'honneur de l'armée d'Orient, en publier les causes, afin qu'on sache qu'elle s'est toujours montrée digne de son ancienne gloire.

J'ai cherché à donner, dans l'introduction, une connaissance générale de l'organisation de l'Egypte, du système de défense qui lui est applicable, de l'état politique de ses habitans, et de son administration. Ces aperçus généraux, dont j'ai rapporté les développemens à mon but principal, suffisent pour l'intelligence des campagnes des Français et de l'administration qu'ils avaient établie.

Une carte de la Basse-Egypte est

jointe à cet ouvrage : elle a été dressée, d'après les observations astronomiques et les reconnaissances qui ont été faites ; c'est la plus exacte qui ait paru jusqu'à présent.

Le gouvernement va faire publier, avec une magnificence digne d'une grande nation, les recherches faites en Egypte, par la commission des sciences et arts. C'est là qu'on pourra étudier ses monumens antiques, son histoire naturelle, son gouvernement, ainsi que les mœurs et les usages de ses habitans.

ERRATA.

Page 2, ligne 17, barres; *lisez*, bancs.
3, au lieu de vallon; *lisez*, vallée : et ligne 12, au lieu de vallée; *lisez*, vallon.
4, ligne 9 de la note, 25 pieds plus bas, etc.; *lisez*, plus basse.
8, lig. 5, conduits; *lisez*, endroits.
11, lig. 27, reste quelques jours, étale, etc.; *lisez*, reste quelques jours étale.
13, lig. 22, avantages d'arriver; *lisez*, avantages à arriver.
37, lig. 2, et nourri; *lisez*, et se nourrissant.
idem lig. 18, chargées; *lisez*, chargés.
43, lig. 9, et tissent leurs; *lisez*, et tissent ses.
49, lig. 12, chaque famille et chaque tribu tiennent; *lisez*, tient.
67, lig. 18, ont eus; *lisez*, ont eue.
69, lig. 28, tout rentre; *lisez*, tout rentrait.
126, lig. 24, offraient; *lisez*, offrait.
136, lig. 6, §. VI; *lisez*, §. VIII.
138, lig. 21, §. VII; *lisez*, §. IX.
233, lig. 14, *Saffabiar*; *lisez*, *Sababiar*.
263, lig. 14, n'y existaient comme; *lisez*, n'y existaient pas comme.

INTRODUCTION.

INTRODUCTION.

Considérations générales sur l'organisation physique, militaire, politique et morale de l'Egypte.

Plusieurs voyageurs ont déjà fait connaître l'Egypte, et Volney, mieux que personne, a donné des idées générales sur l'état physique et politique de ce pays ; mais aucun d'eux n'était appelé par les circonstances, et par ses fonctions, à l'étudier et à le considérer sous des rapports militaires et administratifs. Ces connaissances sont néanmoins indispensables pour juger les événemens militaires et politiques dont elle a été le théâtre, et pour apprécier les grandes espérances que cette brillante expédition pouvait donner, pour les progrès de la civilisation, les développemens qu'elle procurait au commerce de la France dans l'Inde et dans la Méditerranée, et pour sentir enfin les causes de la perte de cette conquête.

Je vais esquisser quelques considérations générales sur cette organisation : distrait continuellement par des occupations militaires, je n'ai pu observer beaucoup de détails politiques ; mais les savans qui ont partagé les fatigues de l'armée d'Orient, et qui ont dû à ses travaux de pouvoir s'occuper entièrement de recherches intéressantes, les feront connaître. Mon but, dans ce moment, est de donner, aux lecteurs qui ne connaissent pas l'Egypte, un aperçu de son organisation, considérée sous les rapports de sa défense, et de l'état politique des habitans.

Organisation physique.

L'Egypte est comme isolée du reste de la terre par des obstacles naturels ; séparée de l'Asie par des déserts, un petit nombre de lieux bas, où l'on trouve de l'eau saumâtre, déterminent la route qu'une armée peut prendre pour venir l'attaquer. La côte plane de l'Egypte sur la Méditerranée, et les bouches du Nil embarrassées par des barres de sable, permettent seulement de débarquer sur quelques points connus. Bornée à l'ouest par des déserts immenses, elle est seulement exposée, de ce côté, aux émigrations des tribus arabes de la Barbarie. Séparée de la mer Rouge par un désert, elle craint peu d'être attaquée de ce côté ; ses deux ports, sur cette mer, n'offrent aucune ressource, à peine peut-on s'y procurer de l'eau ; les vivres et les chameaux nécessaires pour passer le désert, y doivent être envoyés d'Egypte.

Deux chaînes de montagnes arides bordent

le Nil dans la Haute-Egypte ; elles laissent entre elles un vallon de quatre à cinq lieues de largeur, dans lequel le fleuve coule, et qu'il couvre lors de ses débordemens périodiques. Ce vallon est la seule partie cultivée et habitée. La chaîne orientale, qui sépare le Nil de la mer Rouge, est la plus élevée ; elle se termine au bord du vallon, par un escarpement qui, dans beaucoup d'endroits, a l'apparence d'une muraille fort élevée, interrompu de distance en distance par des ravins, ou par quelques vallées étroites formées par les torrens éphémères de l'hiver, et qui servent de routes pour gravir ces montagnes. La chaîne occidentale, qui sépare le vallon du Nil de celui des Ouasis, se termine généralement en pente douce ; elle devient cependant plus escarpée vers Siout ; et depuis le coude que forme le Nil vers Kennh, elle est taillée à pic ainsi que l'orientale jusqu'à Sienne, où les montagnes s'élèvent davantage, et ne laissent qu'un passage étroit aux eaux du fleuve.

Près du Kaire, ces deux chaînes s'écartent ; l'orientale se termine vers l'extrémité de la mer Rouge, sans présenter aucune apparence de liaison avec les montagnes de l'Arabie, qui se terminent de même (1).

---

(1) La manière dont se terminent les deux chaînes qui bordent la mer Rouge, et les terrains bas qui forment une

L'occidentale s'abaisse aussi vers le Fayoum, prend, près du Kaire, sa direction vers le nord-ouest, et ensuite à l'ouest, où elle forme la côte de la Méditerranée. Les rochers qu'on trouve vers Alexandrie et Aboukir, paraissent une île qui a été détachée de cette chaîne.

---

espèce de vallon dans l'Isthme de Suez, vallon bordé par des dunes jusqu'au pied des montagnes, particulièrement du côté de l'Asie, porteraient à penser que, dans les temps anciens, les deux mers se communiquaient par un détroit, qui a été comblé par les ensablemens que les courans opposés y devaient accumuler, et par les atterrissemens formés aux embouchures du Nil. Une révolution qui doit avoir changé le niveau de la Méditerranée, puisqu'elle est de 25 pieds plus bas que la mer Rouge, peut avoir contribué à la première formation de l'Isthme, qui ensuite a été beaucoup augmenté par les alluvions du Nil.

Les dunes de sables mouvans s'étendent, comme on le verra sur la carte, depuis Abouroak et Bir-deodar, jusqu'au-delà d'El-Arich; elles occupent tout l'espace compris entre la Méditerranée et les montagnes de l'Arabie pétrée dont elles couvrent la base. Les vents, assez réguliers dans ce pays, ont fait prendre à toutes les dunes la même direction, elles vont généralement du nord-ouest au sud-est, et sont séparées par de petits vallons; ce n'est que dans les plus bas, situés ordinairement au pied des dunes les plus élevées, qu'on trouve de l'eau en creusant le sable à quelques pieds de profondeur; les palmiers qui y croissent en sont toujours l'indice. Ces sables mouvans, et l'inégalité des dunes, rendent les marches très-pénibles, et sont le plus grand obstacle au passage du désert par une armée.

Dans l'espace compris entre ces deux chaînes et la mer, est la plaine de la Basse-Egypte, formée en grande partie par les alluvions du Nil : elle est coupée par les branches de ce fleuve et par de nombreux canaux d'irrigation.

Les sept branches, par lesquelles le Nil se dispersait autrefois dans le Delta, pour aller se jeter dans la mer par sept embouchures, sont actuellement réduites à deux principales, celle de Rosette et celle de Damiette ; quelques canaux, navigables une partie de l'année, sont les restes encore existans des autres branches. Le canal de Moez est l'ancienne branche Tanitique ; celui d'Achmoun, la Mendesienne ; leurs embouchures se retrouvent encore à Omfaredje et à Dibeh, au-delà du lac Menzaleh. Les canau xde Karinen et de Tabanieh, qui tombent dans la mer à Bourlos, sont l'ancienne branche Sebennitique.

On trouve moins de traces des branches Pelusiaque et Canopique, qui, rapprochées du désert, donnaient plus de développement au Delta : cependant celles de la Pelusiaque sont bien prononcées dans la province de Charkieh, et on retrouve son embouchure à Tineh, vers les ruines de Peluse.

Il est probable que lorsqu'elles existaient toutes ensemble, ces branches recevaient un volume d'eau à-peu-près égal. La répartition inégale des eaux, des canaux dérivés mal-àpropos, ou mal entretenus, et diverses autres causes, ont pu diminuer leur volume dans l'une de ces branches ; alors les eaux y ont baissé à leur embouchure dans la mer, l'équilibre y a été rompu ; ses eaux ont remonté dans le lit du fleuve, ont refoulé les eaux douces, et se sont mêlées avec elles : leur salure a dû nuire à la culture des terres, arrosées par les branches du fleuve où elles ont pénétré : l'abandon de ces terres en a été l'effet ; l'inculture a augmenté tant que l'ignorance de la cause ou l'intérêt des cantons plus favorisés, ont empêché de rétablir l'équilibre ; et réciproquement l'entretien des canaux a été abandonné à mesure que la population, qui en cultivait les rives, est allée s'établir dans des contrées plus fertiles.

On observe quelquefois cet effet sur les branches de Rosette et de Damiette ; lorsque la rupture de quelque digue ou d'autres circonstances augmentent le volume d'eau d'une des branches aux dépens de l'autre ; la mer pénètre dans celle-ci, imprègne les terres de sel, et force d'abandonner la culture, jusqu'à ce que l'équilibre étant rétabli, les eaux douces ayent pu les laver suffisamment pour les rendre fertiles.

D'autres causes ont encore contribué à détruire la branche Pelusiaque ; les croisés, en ruinant et brûlant la ville de Peluse, ainsi que les principales villes de ce canton, déterminèrent les habitans à fuir cette province frontière, exposée à tous les malheurs de la guerre. La branche Pelusiaque ne fut plus entretenue; les riverains des autres branches, toujours avides de s'emparer des eaux du Nil, les détournèrent, et l'équilibre étant rompu, les eaux de la mer remontèrent dans cette branche; les terres abandonnées n'étant plus arrosées par les eaux douces, s'imprégnèrent de sel, et des cantons considérables devinrent déserts et stériles.

On ne peut douter que la Basse-Egypte n'ait dû son existence, en grande partie, aux alluvions du Nil. Les troubles que le fleuve ne déposait pas sur ses rives, devaient s'en séparer à l'endroit où l'équilibre des mouvemens opposés du fleuve et de la mer produisaient un calme. Ces dépôts y ont formé une barre, ou banc de sable, que les divers mouvemens des eaux ont dû étendre à droite et à gauche; augmentés successivement par l'action des vents et des eaux, ils ont dû former les chaînes de dunes et de bancs de sables, qui existent entre les diverses embouchures.

Ces bancs ont pu rester long-temps séparés des attérissemens directs du fleuve, par des intervalles ou lacs formés par les eaux de la mer; mais qui recevaient celles du fleuve lors des débordemens : ces lacs ont dû diminuer, à mesure que les attérissemens se sont augmentés et ont comblé les communications avec la mer.

Comme le limon est déposé naturellement dans les conduits les plus voisins du fleuve, ses rives ont dû s'exhausser les premières ; les attérissemens ont été plus tardifs dans les parties éloignées, et il s'est conservé des lacs vers les côtes les plus distantes des points où le Nil se séparait en plusieurs canaux. Aussi, dans tous les temps, il a existé des marais près de Peluse, et le terrain du lac Maréotis est resté fort bas.

Les alluvions du Nil devraient remplir ces lacs, étendre encore la Basse-Egypte, et suivre leur disposition à envahir sur la mer ; mais elle lutte aussi continuellement pour arrêter ces conquêtes. Les attérissemens du Nil sont peut-être arrivés à une période où ils ne peuvent gagner d'un côté qu'en perdant de l'autre. On observe que depuis plusieurs siècles, les terrains envahis par la mer sont plus considérables que les attérissemens. On peut même prévoir que si des ouvrages d'art ne dirigent pas le travail de la nature ; si on laisse le volume des eaux se disperser et les branches principales s'élargir ; si on n'entretient pas l'équilibre des eaux aux embouchures, la mer enlevera de nouveaux terrains à la culture, au lieu d'en céder. C'est le sort qui menace l'Egypte, si elle reste entre les mains d'un peuple ignorant.

Lorsque, comme nous l'avons vu ci-dessus, la diminution du volume des eaux dans une branche, permet à celles de la mer d'y remonter, ces dernières se répandent dans les lieux bas et dans les lacs voisins du fleuve; leurs mouvemens, aidés quelquefois par les orages qui élèvent momentanément les eaux de la mer, ont pu étendre ces lacs, détruire les attérissemens qui les séparaient des branches du fleuve, et faire abandonner la culture des terres imprégnées de leur salure.

C'est ainsi qu'on peut expliquer la formation des lacs marécageux et peu profonds qui existent vers les côtes d'Egypte. Le plus considérable, le lac Menzaleh, a envahi une grande partie du terrain qu'arrosaient les branches Pelusiaque, Tanitique et Mendesienne; le lac Bourlos est vers l'embouchure de l'ancienne branche Sebennitique, et des canaux dérivés de la branche de Rosette; le lac de Maadieh est vers l'ancienne bouche de Canope. Le lac d'Edko, nouvellement formé pendant l'inondation de l'an 9, a été causé par l'ouverture du canal de Deirout, ordonnée légèrement par le général Menou : les eaux répandues en abondance dans ces terrains bas, se sont frayées, à travers les dunes, une communication avec la mer : après l'inondation, lorsque le niveau des eaux douces a baissé, elles n'ont plus eu d'écoulement par le canal qu'elles avoient formé près de la maison Quarrée ; la mer y a pénétré, et a formé ce nouveau lac.

Le lac Maréotis était trop éloigné du fleuve pour être comblé par ses attérissemens ; les travaux pour le canal destiné à conduire les eaux à Alexandrie, et ensuite le défaut d'entretien des canaux du Bahireh, qui s'y écouloient, en ont écarté les eaux du Nil, et sa communication avec la mer ayant été fermée, l'eau s'en est évaporée. Il était à sec depuis long-temps, mais il y était resté une vase salée et un sable mouvant, qui, imbibés en hiver par les eaux de pluie et par celles de l'inondation qui s'y rendent encore en petite quantité par les canaux du Bahireh, le rendaient marécageux une grande partie de l'année. Les Anglais ayant coupé, pendant la dernière campagne, la digue du canal d'Alexandrie (1), qui le sépare du lac Maadieh, il a été rempli de nou-

(1) Cette opération des Anglais sépare presqu'entièrement Alexandrie du reste de l'Egypte ; la coupure du canal la prive d'eau du Nil, et causera la ruine de cette ville, si on ne le répare pas promptement. Mais les Turks sont-ils en état de faire un travail si considérable sans le secours des Européens ? Leur gouvernement destructeur par nature s'en occupera-t-il vivement, et voudra-t-il faire des sacrifices pécuniaires suffisans ?

veau par les eaux de la mer. Ce lac s'étend dans un vallon parallèle à la mer, et qui n'en est séparé que par un côteau dont la largeur, dans quelques endroits, n'est pas de 500 toises ; il dépasse la tour des Arabes.

Il existe aussi quelques lacs formés par le superflu des eaux de l'inondation, qui se répandent dans des endroits bas, où elles n'ont aucun écoulement et se dissipent par l'évaporation : tels sont ceux du Fayoum, de Grarak, de Birket el Hadji, l'Ouadi Tomlat et ceux nommés Krah, par lesquels passait le canal de Suez ; ces derniers ne reçoivent les eaux que lors des grandes inondations.

Outre les branches et canaux principaux dont nous venons de parler, la Basse-Egypte est coupée par un nombre considérable de canaux d'irrigation, dérivés des grandes branches. Les eaux de l'inondation, conduites par ces canaux, et retenues par des digues dans divers arrondissemens, arrosent d'abord les terrains supérieurs, et après avoir servi successivement à fertiliser plusieurs cantons, s'écoulent dans les lacs ou dans la mer.

La crue du Nil commence au solstice d'été : il acquiert sa plus grande élévation à l'équinoxe d'automne, reste quelques jours, étale et diminue ensuite. Les eaux s'écoulent plus lentement qu'elles n'ont monté ; au solstice d'hiver, le fleuve est déjà très-bas, mais il reste encore de l'eau dans les grands canaux : à cette époque les terres sont mises en culture, et bientôt après deviennent praticables.

Les grands canaux d'irrigation commencent à se remplir à la fin de thermidor ; toute l'Egypte est inondée au commencement de vendémiaire. Les eaux s'écoulent plus ou moins rapidement dans différens cantons : généralement les communications se rouvrent pour les hommes à pied, à la fin de brumaire ; les terrains bas et les canaux sont encore remplis d'eau et de vase, ils se sèchent en frimaire. A cette époque, plusieurs canaux principaux sont encore impraticables pour un corps de troupes et pour l'artillerie, parce que les eaux y sont trop basses pour y faire usage de bateaux, et la boue trop tenace pour les passer à gué. Comme en Egypte les ponts et les digues sont fort rares, et qu'aucune route n'est tracée pour les grandes communications, on ne peut bien traverser le Delta que dans le mois de pluviôse.

Ces époques avancent ou retardent de quinze jours, même un mois, selon l'élévation de la crue du Nil ; mais on peut établir, en général, que la Basse-Egypte n'est praticable, dans tous les sens, que depuis les premiers jours de ventôse, jusqu'à la fin de thermidor ; les grandes branches seules conservent de l'eau, et on y trouve toujours des bateaux pour le passage.

Les cantons qui reçoivent l'eau, par des canaux dérivés, après l'inondation des terres supérieures, sont praticables plus tard ; telle est une partie de la province de Charkieh.

D'après cet aperçu, les opérations de la guerre ne sont possibles que pendant sept mois dans la Basse-Egypte. Le reste de l'année, on peut bien marcher sur la lisière du désert ; mais les villages qui le bordent sont hors d'état de fournir toutes les subsistances nécessaires à une armée, qui manque de tout après un passage de désert ; et de-là, on ne peut point communiquer avec les villages de l'intérieur, pendant vendémiaire, brumaire et frimaire ; ainsi, à cette époque, et même pendant les deux autres mois de l'inondation du reste de l'Egypte, il n'est guères possible d'entreprendre, sur cette frontière, que des opérations partielles (1).

De même, une armée qui, ayant débarqué sur les côtes, voudrait, à cette époque, agir dans l'intérieur de l'Egypte, ne pourrait le faire que par eau : elle aurait cependant quelques avan-

---

(1) Les lacs de l'Ouadi Tomlat, qui ont été remplis pendant l'inondation extraordinaire de l'an 9, contenaient trop d'eau pour que l'évaporation pût les mettre à sec pendant l'été ; et si l'armée n'avait pas été attirée sur les côtes, par le débarquement des Anglais, l'existence de l'eau dans ces lacs aurait changé les opérations militaires sur la frontière de Syrie.

tages d'arriver dans cette saison, si elle voulait se borner à faire des établissemens sur quelque point de la côte, où elle pût difficilement être attaquée, afin d'y rassembler ses moyens pour agir dans la belle saison.

L'armée qui aurait à défendre l'Egypte serait aussi gênée, pour ses opérations, pendant l'inondation; une partie de ses mouvemens ne pouvant s'effectuer que par eau, ils seraient fort lents et fort difficiles; il est même quelques points de la côte où elle ne pourrait se rassembler qu'avec beaucoup de peine, s'ils étaient inopinément attaqués.

Système de guerre adopté par les Français.

Telle est la charpente et l'organisation physique de l'Egypte. Nous ne nous arrêterons pas à considérer son influence sur la conduite de la guerre, non plus que sur les diverses manières d'attaquer, de défendre et de fortifier ce pays, relativement à la tactique et aux moyens militaires des nations voisines, cela nous jeterait dans trop de détails. Nous allons seulement examiner le système de guerre et de fortification que les Français y ont adopté.

Lorsque les Français débarquèrent en Egypte, tout y était nouveau pour eux, climat, tactique des Mamloucks, mœurs des habitans, etc., etc. Ils avaient non-seulement à combattre la force armée du pays, les Mamloucks, mais aussi les Arabes et les cultivateurs. En travaillant à s'établir et à se fortifier contre les ennemis intérieurs et extérieurs, il fallait se créer des ressources en tous genres, s'attacher la population et la civiliser : Bonaparte eut bientôt saisi le système qu'il convenait d'adopter.

L'Egypte n'offre point ces lignes naturelles de défense, ces chaînes de montagnes ou ces rivières qui, en Europe, déterminent les systèmes de fortification, d'attaque et de défense d'un pays. Elle n'a pas de ces postes dont la possession entraîne celle d'une province. La côte étendue et plane de la Méditerranée, est bien accessible par-tout pour les petites chaloupes; mais il n'est que peu de points propres à opérer un grand débarquement; dans un seul les vaisseaux peuvent trouver un abri contre les vents et s'approcher assez de la côte pour soutenir les troupes. L'ennemi une fois établi, peut, hors la saison de l'inondation, pénétrer facilement dans le pays; tout est ouvert devant lui; rien ne l'oblige à s'arrêter, s'il n'est pas retenu dans sa marche par quelque corps d'armée, qui occupe les points resserrés entre le Nil et les lacs. Des fortifications pour défendre le passage des bouches du Nil, peuvent seules le gêner dans ses opérations; mais elles ne sont rien sans la protection d'une armée.

Le passage du désert de Syrie a nombre de difficultés ; la route est déterminée par les lieux où l'eau se trouve ; une partie de ces points peut être occupée et fortifiée, mais ils peuvent aussi être tournés par les corps de cavalerie qui composent les armées turques, aidés par de grands moyens de transports. Ces premières difficultés surmontées, l'Egypte est entièrement ouverte du côté du désert. Les places qu'on pourrait y construire n'arrêteraient point l'ennemi, puisqu'il n'y a aucune route tracée par la nature ou par l'art.

Si les Turks, seuls ennemis dont l'armée d'Orient pût alors prévoir l'attaque, pénétraient dans l'intérieur du pays, le fanatisme devait faire soulever les habitans ; ils y auraient trouvé des auxiliaires, des subsistances et toutes les ressources que le pays aurait alors refusé à l'armée française ; ce n'était qu'avec une armée qu'on pouvait s'y opposer.

Toutes ces considérations déterminèrent à adopter pour principe, que l'Egypte devait être défendue par une armée plutôt que par des fortifications, qui, d'après l'état physique du pays et l'espèce d'ennemis qu'on avait à combattre, ne pouvaient avoir sur la campagne une influence suffisante.

Cependant la difficulté des transports en Egypte, le genre de nourriture des habitans auquel les soldats français ne pouvaient encore s'habituer, s'habituer, et le besoin de réunir d'avance des subsistances sur les points où l'armée aurait à se rassembler, exigeaient qu'on y formât des magasins de vivres et de munitions. Il était nécessaire que ces dépôts fussent à l'abri des attaques des Arabes, de celles des habitans du pays et des partis ennemis ; on dut les protéger par des postes fortifiés, capables de remplir cet objet avec de petites garnisons, et point trop multipliés, afin que l'armée n'en fût pas affaiblie. Il convenait cependant que ceux de ces postes, qui se trouvaient placés sur l'extrême frontière, fussent suffisamment fortifiés pour résister aux attaques de l'ennemi, en attendant la réunion de l'armée. La surveillance nécessaire dans l'intérieur du pays, pour le gouverner et maintenir la tranquillité, exigeait encore des postes fortifiés, capables d'en imposer aux habitans, et de servir de retraite aux détachemens français, dans les cas d'insurrection générale, ou d'attaque formée par des partis ennemis supérieurs.

Bonaparte détermina, d'après ces principes, le centre des opérations et des dépôts de l'armée, les postes extrêmes et les postes intermédiaires : il établit aussi sur le Nil une marine capable de protéger les mouvemens et les transports.

Fortifications construites par les Français.

Les travaux de fortification furent fort difficiles à organiser ; méthodes de construction, moyens d'exécution et de transport, tout était différent des usages européens ; le bois manquait absolument ; les outils étaient rares, on en avait perdu un grand nombre sur la flotte, il fallut établir des ateliers pour en fabriquer. Les soldats, épuisés par le changement de climat, fatigués de courses continuelles, souvent mal nourris, privés entièrement de liqueurs fortes, pouvaient difficilement être employés à ces travaux ; et malgré les prix excessifs qu'on leur promettait, n'y mettaient aucune activité.

Les Egyptiens, effrayés et étonnés du changement de domination, venaient avec peine travailler à ces ouvrages ; les bons traitemens et un paiement exact, qu'ils n'obtenaient jamais sous leur ancien gouvernement, les y déterminèrent, quoique lentement ; mais ils ne purent jamais être employés qu'aux travaux les plus grossiers, et s'accoutumèrent difficilement à l'usage des machines et des outils européens, qui ménagent à-la-fois le temps et les forces de l'homme. La pénurie d'outils et d'ouvriers, ainsi que celle des finances, nuisirent toujours aux fortifications ; cependant elles s'élevèrent par-tout avec une rapidité qui surprit les Egyptiens, et fit sur eux une grande impression.

En même temps qu'on élevait ces ouvrages, on avait à résister aux attaques des ennemis et des habitans : il fallut, pour cette raison, les conduire de manière qu'ils fussent promptement en état de défense, et l'on profita, partout où cela fut possible, des constructions anciennes; mais tous ces ouvrages furent tracés comme devant entrer dans le système général de fortifications permanentes.

La ville du Kaire, placée à l'ouverture de la vallée du Nil, près du lieu où ce fleuve se divise, se présente naturellement comme le centre de toutes les opérations militaires, ainsi qu'elle est celui du gouvernement et du commerce : aussi fut-elle choisie pour être le lieu de rassemblement, d'où l'armée pourrait se porter sur les frontières attaquées. L'opinion, en quelque façon superstitieuse, des habitans du pays, qui, dans toutes les guerres et les dissentions civiles, regardent le parti qui occupe cette capitale, comme le maître de l'Egypte, devait encore déterminer à ce choix.

Cette ville est trop étendue, et contient une population trop considérable, pour qu'on pût penser à la fortifier et à la défendre; on occupa seulement les points qui la dominaient. On tira le parti le plus ingénieux de l'ancien château;

et du chaos de ces vieilles constructions, s'éleva une citadelle susceptible d'être défendue par un petit nombre de troupes, dont l'artillerie et la position commandaient la ville du Kaire, et en imposaient aux habitans. D'autres petits postes furent construits autour de la ville, vers les quartiers éloignés de la citadelle, pour défendre, avec de petites garnisons, quelques établissemens.

Il fallait aussi, au centre des opérations militaires, un dépôt des objets nécessaires à l'armée et des ateliers, particulièrement pour l'artillerie; ces établissemens devaient être sur les bords du Nil, pour la facilité des transports. Gizeh fut désigné; et pour le fortifier, on profita d'une enceinte que Mourad-Bey avait fait construire.

Après avoir déterminé le centre des opérations de l'armée et les moyens de s'assurer ce point important pour la possession de l'Egypte, il fallut s'occuper de la défense d'un autre point plus intéressant pour l'armée française, du port de mer qui contenait sa marine, presque tous les magasins, et par lequel elle pouvait recevoir des secours.

L'influence militaire d'Alexandrie comme place de guerre est à-peu-près nulle : cette ville, isolée par un désert, est presque regardée comme étrangère par les habitans; on peut posséder toutes les terres cultivées sans avoir besoin de cette ville, tandis qu'elle ne pourrait que difficilement exister sans l'eau du Nil et les vivres de l'Egypte. Mais comme port de mer excellent et le seul qui existe sur la côte, Alexandrie en est vraiment la clef; aucune opération maritime ne peut être bien consolidée sans sa possession; c'est là que se fait le principal commerce, parce que les bogaz de Rosette et de Damiette ne peuvent être franchis que par de petits bâtimens.

C'est près d'Alexandrie qu'est la rade d'Aboukir, dangereuse seulement lors des vents de nord et de nord-est : c'est aussi au fond de cette rade qu'est le point de la côte le plus favorable pour débarquer.

Toutes ces raisons déterminèrent à fortifier Alexandrie, et à augmenter d'autant plus les défenses de cette place, qu'elle était la seule exposée à l'attaque de troupes européennes. Mais ces fortifications exigeaient beaucoup de temps, de main-d'œuvre et des travaux considérables. L'armée ne pouvait, sans s'affaiblir, y laisser ordinairement qu'une faible garnison, et cependant la défense de la ville et du port embrassaient un développement immense; tout le terrain environnant était couvert d'anciennes constructions et de montagnes de décombres. On tira parti d'une portion de l'enceinte construite par les anciens Arabes, du Phare, etc., etc., pour former une ligne de

2

: on pensa que
uper, dans le
. L'ancien châ-
e à l'extrémité
hoisi pour être
sit à Katieh un

llement placé,
er de Syrie en
y arrêter, afin
bles pour passer
te à el-A'rich
t l'Egypte, au-
menaçante, si
à commander
entretenir une
er à tout éta-
uvrages avaient
ectionnés pour
cours ; si elle
sionnée, non-
g blocus, mais
née, qui serait
les ennemis en
; les construc-
d'un désert où
libre, les vivres
saient à peine
nnemi pouvait
ch, y trouver

— date incorrecte

120-12

dépôt de vivres et de munitions. On choisit, pour cet effet, près de Rahmanieh, l'endroit où le canal d'Alexandrie sort du Nil; on y construisit une redoute, et des magasins y furent formés. Si le Kaire était le centre des opérations pour toute l'Egypte, Rahmanieh pouvait l'être pour les côtes; un corps de réserve se serait porté rapidement, de-là, sur le point menacé entre Bourlos et Alexandrie. S'il était nécessaire de réunir toute l'armée, les corps pouvaient s'y rendre des différentes parties de l'Egypte, et de-là marcher ensemble aux ennemis. De Rahmanieh, il faut trois jours pour aller à Damiette en traversant le Delta; quatre jours suffisent pour aller, par le Delta, de Rahmanieh à Salahieh sur la frontière de Syrie. Des routes, des ponts et des digues, construits dans cette direction, auraient pu rendre cette communication praticable pendant toute l'année.

Sur la frontière de Syrie, Belbeis et Salahieh furent choisis pour postes extrêmes : on voulut d'abord en faire de grandes places, mais les difficultés qu'on éprouvait à conduire des travaux considérables, avec peu d'outils et d'ouvriers, y firent renoncer. On en forma des postes de dépôts; et Salahieh, qui se trouvait sur la lisière des terres cultivées vers le désert, dut être le plus considérable.

La campagne de Syrie développa les projets

sur la défense de cette frontière : on pensa que le meilleur système était d'occuper, dans le désert, les principales stations. L'ancien château d'el-A'rich, placé presque à l'extrémité du désert, vers la Syrie, fut choisi pour être fortifié et occupé ; on construisit à Katieh un poste intermédiaire.

Le vallon d'el-A'rich est tellement placé, qu'une armée, qui veut marcher de Syrie en Egypte, doit nécessairement s'y arrêter, afin de réunir les moyens indispensables pour passer le désert. Une place construite à el-A'rich aurait certainement bien couvert l'Egypte, aurait même donné une attitude menaçante, si elle avait été placée de manière à commander tous les puits ; si on avait pu y entretenir une garnison suffisante pour s'opposer à tout établissement dans le vallon ; si les ouvrages avaient pu être assez promptement perfectionnés pour résister jusqu'à l'arrivée des secours ; si elle avait pu être assez bien approvisionnée, non-seulement pour soutenir un long blocus, mais pour fournir aux besoins de l'armée, qui serait venue la secourir, et poursuivre les ennemis en Syrie. Mais tout cela n'était pas ; les constructions étaient fort lentes au milieu d'un désert où tout manquait ; la mer n'étant pas libre, les vivres portés à dos de chameau suffisaient à peine pour une garnison très-faible ; l'ennemi pouvait s'établir dans le vallon d'el-A'rich, y trouver de l'eau pour son armée et en faire le siége, ou contenir, avec peu de troupes, sa faible garnison tandis qu'il agirait en Egypte. Les travaux commencés n'étaient pas terminés, et le fort se trouvait très-faible, lorsque l'armée du Vizir vint l'assiéger en nivôse an 8 ; une manœuvre diplomatique (1) et une surprise le livrèrent, avant que l'armée française pût marcher à son secours.

Après la victoire d'Héliopolis, l'armée obligée d'aller assiéger le Kaire ne put poursuivre le Vizir jusqu'à el-A'rich, et faire de ce fort un établissement solide, ou le détruire entièrement. On réfléchit ensuite que ces postes dans le désert étaient fort difficiles à entretenir et à fortifier convenablement ; qu'ils forçaient à diviser l'armée ; que plusieurs routes, qu'on avait reconnues et qui les tournaient, pouvaient servir à des armées composées particulièrement de cavalerie, comme celles des Turcs, ou du moins à leurs partis, pour se répandre dans l'intérieur de l'Egypte, pendant que l'armée française serait divisée sur plusieurs points, où les attendrait dans le désert. On se rappela qu'avec les armées turques, il importait toujours de se ménager l'offensive ; que pour traverser le désert en corps d'armée,

(1) Voyez, sur le traité d'el-A'rich, la partie historique.

elles devraient nécessairement réunir des moyens à Katieh et y séjourner, et qu'on aurait beaucoup d'avantage à s'y porter pour leur livrer bataille ; ou, si cela n'était pas possible, à les combattre avec l'armée réunie, lorsque fatigués du passage du désert ils seraient près d'atteindre les terres cultivées.

On revint donc à-peu-près au premier projet ; Salahieh forma un poste assez fort pour résister avec une faible garnison, en attendant l'arrivée de l'armée, et pour contenir les vivres nécessaires pour la nourrir pendant ses opérations dans le désert. Belbeis servit de dépôt intermédiaire entre Salahieh et le Kaire.

On construisit dans l'intérieur, à Menouf, Miit-Khramr, Mansoura, etc., quelques postes pour protéger la navigation du Nil, contenir les habitans du pays et servir de dépôts intermédiaires.

On établit aussi un poste à Souez ; les travaux y éprouvèrent presque autant d'obstacles qu'à el-A'rich, parce qu'il fallait tout y porter par le désert ; les fortifications qu'on y entreprit, suffisaient pour protéger, contre les Arabes, les établissemens qu'on y voulait former ; mais on pouvait d'autant moins songer à défendre Souez contre une attaque sérieuse, qu'elle aurait probablement fait partie d'une invasion générale de l'Egypte, qui aurait empêché d'y envoyer des secours. D'ailleurs,

Souez en dépendant pour les vivres, et n'ayant pas de marine, il n'y avait nul inconvénient à l'abandonner pendant quelque temps.

L'organisation de la Haute-Egypte l'isole, en quelque sorte, des grandes opérations de la guerre, et la réduit à être le théâtre des dissentions intestines. L'arrivée par Kosseir de troupes étrangères peut seule la faire sortir de ce rôle ; mais ces troupes ne peuvent traverser le désert, que lorsqu'elles sont favorisées par des intelligences dans l'intérieur. Du temps des Mamlouks, les partis chassés du Kaire et les mécontens se retiraient dans la Haute-Egypte ; aussitôt qu'ils s'étaient assez rétablis et organisés, ils cherchaient à se rapprocher du Kaire ; le parti dominant venait alors les combattre : cette longue vallée, dans laquelle descend le Nil, était le champ de bataille. Les Français eurent, sous la conduite du général Desaix, une pareille guerre contre Mourad-Bey : ils soumirent bientôt toute la Haute-Egypte, et dissipèrent presque entièrement les Mamlouks ; mais ce Bey qui connoissait tous les vallons et toutes les routes du désert, parvint toujours à s'échapper, suivi d'un petit nombre de cavaliers excellens, quoique accablés de fatigues (1).

---

(1) Lorsque ce Bey était poursuivi très-vivement, il entrait dans un de ces vallons, et paraissait s'enfoncer dans

On croyait d'abord n'avoir besoin, dans la Haute-Egypte, que de quelques postes militaires pour protéger la navigation du Nil, contenir les habitans du pays, et conserver les magasins de vivres et munitions. Cependant l'arrivée d'un corps d'Arabes mekkins, venus par Kosseir, fit sentir la nécessité d'occuper ce port ; aussitôt qu'on eut réuni des moyens suffisans on s'y établit, et on fortifia un ancien château. Kenneh, qui est sur le Nil au débouché de Kosseir, fut choisi pour la construction d'un fort servant de dépôt pour la communication avec ce port, et de poste militaire principal pour la Haute-Egypte. D'autres postes furent fortifiés à Girgeh, Siout, Miniet et Benisouef.

L'occupation de toute la Haute-Egypte et de Kosseir, et la guerre contre Mourad-Bey, employaient beaucoup de troupes qu'il aurait été

---

le désert ; mais dès qu'il y avait attiré les Français, il dispersait sa troupe afin qu'on ne pût pas en reconnaître les traces ; elle se rendait au travers des montagnes dans un autre vallon, où elle se réorganisait pour descendre dans la vallée du Nil. Mourad-Bey reparaissait ainsi dans des lieux où les troupes françaises ne l'attendaient pas, il prenait des vivres dans les villages et recommençait la même manœuvre chaque fois que les Français, ayant découvert sa retraite, marchaient contre lui ; quoique attaqué souvent à l'improviste, et même surpris dans ses camps, il réussit toujours à les éviter.

utile de réunir à l'armée, pour qu'elle fût bien en état de résister aux attaques extérieures. Il était cependant nécessaire de tirer de ce pays des ressources pour nourrir l'armée et payer ses dépenses. Kléber remplit ces deux objets par la paix avec Mourad-Bey, qui devint tributaire pour les provinces dont on lui confia le gouvernement. Les postes militaires de Siout, Miniet et Benisouef, furent gardés par un petit nombre de Français, pour protéger les opérations du gouvernement dans les provinces conservées. Kléber se réserva la faculté d'entretenir garnison à Kosseir ; mais il voulut attendre, pour en profiter, que les troupes qu'on y enverrait y fussent moins isolées, après l'établissement de quelques communications maritimes entre Souez et Kosseir.

On aurait une idée très-fausse des fortifications que les Français ont construites en Egypte, si on leur appliquait ce qu'on entend en Europe par place, fort, poste militaire, etc., etc. Il faut toujours se rappeler ce que j'ai dit des obstacles qu'on eut à surmonter : on dut créer de nouveaux genres de fortifications et de constructions, applicables au pays, aux matériaux, et relatifs aux diverses attaques dont on pouvait être menacé. Les officiers du génie n'ont que plus de droits à la reconnaissance publique, pour avoir exécuté tout ce qui a été fait dans l'espace de trois années.

Des maisons ou d'anciennes constructions, armées de quelques pièces de canon et crénelées ; de petites tours aussi crénelées, surmontées d'une terrasse, et d'une ou deux pièces de canon, étaient des postes, où une vingtaine de Français attendait sans crainte et repoussait toutes les attaques de la cavalerie ennemie, ou d'une multitude soulevée, et n'y craignait même pas quelques pièces d'artillerie mal servies. Une grande partie des postes que j'ai appelé forts, étaient de ce genre. Les vivres et munitions pour la garnison et celles en dépôt pour l'armée étaient mises dans des magasins construits dans l'intérieur, ou bien adossés extérieurement à ces constructions.

Afin de mettre ces postes un peu à l'abri du feu de l'artillerie, on éleva autour de quelques-uns des parapets, ou des chemins couverts ; ils formaient alors un réduit, et pour les attaquer avec succès, on aurait été obligé de cheminer et d'établir une batterie sur le glacis. C'est le système qu'on avait adopté pour Salahieh, et qui, par la succession des travaux, pouvait le transformer en place régulière.

D'anciens châteaux autour desquels on n'avait pas eu le temps de creuser des fossés, et de bâtir des contrescarpes revêtues, portaient le nom de forts ; le pied du revêtement de plusieurs était à peine garanti par un léger bourrelet. Ces forts ne pouvaient par conséquent résister à l'artillerie. La plupart n'étaient aussi que de simples redoutes de campagne, qu'on commençait à revêtir et qui n'avaient pas de contrescarpe.

Presque tous ces ouvrages étaient entourés de palmiers, décombres, monticules de sable, etc., qui rendaient les approches faciles, et dont on n'avait pu les dégager. Tous ces inconvéniens étaient réunis à Alexandrie ; cependant les ouvrages, dispersés sur un développement immense, se soutenaient réciproquement; mais les approches étaient faciles, et on avait dû négliger plusieurs points importans, pour mettre plutôt les principaux ouvrages en état de résister. Dans les derniers temps, on n'avait pas donné tout l'argent, ni employé tous les bras qu'on aurait pu consacrer à ces travaux ; et Alexandrie n'était pas en état de résister plus de huit jours contre une attaque régulière.

On avait toujours regardé la ville du Kaire comme trop considérable et trop peuplée, pour être défendue ; cependant, après le siége qu'il avait été obligé d'en faire, Kléber voulut éviter que dans des circonstances pareilles à celle de la bataille d'Héliopolis, des partis ennemis pussent y pénétrer et occasionner une nouvelle révolte; en conséquence il ordonna la réparation d'un ancien mur d'enceinte, la construction de quelques tours et l'occupation l'occupation de plusieurs postes. Il destinait particulièrement à ce service les troupes auxiliaires Grecques et Coptes ; de manière qu'il aurait toujours eu l'armée disponible ; mais, en ordonnant ces travaux, il n'avait jamais pensé que dans aucun cas elle dût s'y renfermer. Après sa mort, on les continua ; et comme ils s'exécutaient sous les yeux du chef de l'armée, on leur donna une importance qu'ils n'auraient jamais dû avoir : on les augmenta en nombre et en solidité ; et on y employa des fonds et des ouvriers qui auroient été plus utiles ailleurs, particulièrement à Alexandrie.

Cet aperçu suffit pour donner une idée générale des fortifications faites en Egypte par les Français : les officiers du génie, qui les ont dirigées avec tant de zèle et de talens, ont fait plus qu'on ne pouvait espérer en si peu de temps, ayant peu de moyens et de nombreux obstacles à surmonter.

Ces fortifications étaient excellentes contre des armées Turques, inhabituées aux attaques régulières, qui n'en sont même pas susceptibles par leur organisation, et qui savent à peine se servir de leur artillerie ; mais elles ne pouvaient opposer qu'une faible résistance aux attaques de troupes européennes. Cependant, considérées comme dépôts destinés à fournir aux besoins de l'armée, dans tous les lieux où elle pouvait se porter, elles remplissaient leur but. C'était sur l'armée que reposait la défense de l'Egypte ; elle devait toujours être prête à se réunir pour marcher contre l'ennemi le plus dangereux.

Des routes et marches d'armée dans l'intérieur de l'Egypte.

L'Egypte devant plutôt être défendue par l'armée que par des fortifications, les routes pour faciliter, dans toutes les saisons, ses marches, étaient l'objet dont il était le plus nécessaire de s'occuper, après avoir assuré les moyens de la nourrir sur tous les points.

Les communications par eau furent organisées sur le Nil, et protégées par des barques armées. Bonaparte ordonna des reconnaissances pour celles par terre ; elles furent continuées sous ses successeurs. Si les marches étaient faciles pendant la sécheresse, on ne pouvait qu'après de grands travaux les rendre praticables pendant le reste de l'année ; cela était cependant d'une importance majeure pour le temps, où la retraite des eaux permettant d'agir sur la lisière du désert et sur une partie de la côte, des corps de troupes éprouvaient encore des difficultés pour traverser la Basse-Egypte.

Les routes qu'il importait particulièrement

d'organiser, étaient d'abord d'Alexandrie à Damiette en suivant la côte (elle le fut par l'établissement de barques pour le passage des bouches), de Rahmanieh à Damiette, de Rahmanieh à Salahieh, de Damiette à Salahieh, du Kaire à Damiette, du Kaire par Rahmanieh à Alexandrie et Rosette.

Pour que ces routes fussent praticables pendant l'inondation, elles devaient être élevées au-dessus du niveau des eaux ; on pouvait profiter de plusieurs digues et ponts qui existaient déjà. Les nouvelles levées et les ponts qu'on aurait dû faire, devaient se rattacher au système général d'irrigation de la Basse-Egypte ; et il était nécessaire de le bien étudier, avant de commencer un travail qui pouvait avoir tant d'influence sur les cultures et l'état physique de l'Egypte. On devait chercher à perfectionner la distribution des eaux, en traçant ces routes ; aussi les reconnoissances ne pouvaient qu'être fort lentes, et elles n'étaient pas terminées lorsqu'on dut abandonner le pays. Il aurait fallu construire un grand nombre de ponts et faire des levées très-étendues ; mais ce travail, indispensable pour perfectionner le système de défense, demandait plusieurs années.

Si on n'a pas eu le temps d'exécuter ces routes, les reconnaissances qu'elles ont occasionnées, ont toujours procuré au génie militaire, aux ingénieurs des ponts et chaussées et aux ingénieur-sgéographes des matériaux très-précieux pour la connaissance parfaite de l'Egypte.

Considérations sur la civilisation des différentes classes d'habitans de l'Egypte.

La population de l'Egypte est composée de plusieurs races, qui ont toutes, dans le caractère, des traits communs, mais qui sont néanmoins distinguées par leur genre de vie, leurs mœurs, leur existence politique et leur religion. L'islamisme qui est celle de la grande majorité des habitans, exclut les individus des autres cultes de toute influence politique; tolérés par la loi, ils sont réduits à une grande dépendance, et sans cesse exposés au mépris de l'orgueilleux musulman.

On observe, en Egypte, presque toutes les nuances de la civilisation, depuis l'état pastoral jusqu'à l'homme changé, dépravé même par le pouvoir et par le luxe; mais on n'y peut appercevoir celle de l'homme perfectionné par les arts et l'étude des sciences. On y trouve aussi des traces d'un système féodal, qui paraît inhérent aux premiers degrés de la civilisation.

Ces nuances seront plus frappantes, si on examine séparément les habitans du désert, ceux des campagnes et ceux des villes.

Des Arabes.

L'Arabe bedouin, errant dans les déserts, y faisant paître ses troupeaux, et nourri de leur lait, retrace encore actuellement les anciens patriarches; mêmes mœurs, mêmes usages, même genre de vie; le pays qu'il habite n'en permettant pas d'autres, il n'a pu changer. Si certains auteurs avaient vécu avec ce peuple, s'ils avaient étudié les hommes formés par cette vie pastorale, ils se seraient épargné beaucoup de déclamations.

L'Arabe respecte sur-tout les vieillards, l'autorité paternelle est très-étendue chez lui, et tous les enfans restent unis sous le pouvoir du chef de la famille; lorsqu'elle devient considérable, après plusieurs générations, elle forme une tribu, dont les descendans du premier patriarche sont les chefs héréditaires : chargées du gouvernement, ils attirent à eux l'influence et les richesses; ils finissent par dominer et par former une classe supérieure, alors ils usurpent une espèce d'autorité féodale sur le reste de la tribu.

Les cheiks représentent le père de la famille, et jugent les différens de leurs enfans; mais plus la famille ou la tribu est considérable, moins leurs jugemens sont respectés; de là naissent des querelles, et l'homme de la nature qui se croit lésé a recours à sa force personnelle. Les jalousies entre les frères, fruits d'un défaut d'équilibre entre l'affection qu'ils inspirent, ou les biens qui leur sont dévolus, sont très-fréquentes, notamment après la mort du père ; et quoique le droit d'aînesse soit reconnu, il n'est pas rare de voir des frères guerroyer, lorsqu'ils sont assez puissans pour que leurs querelles portent ce nom. Les rixes entre familles ou tribus voisines sont également fréquentes ; des empiétemens sur les pâturages, des enlèvemens de bestiaux, etc., en sont la cause ou le prétexte. Aucune autorité supérieure n'existe pour les juger, ou pour les contraindre à un accommodement ; et cette vie pastorale primitive, qu'on croyait si paisible, n'offre que le tableau d'un état de guerre presque continuel.

Rien ne lie les Arabes à une société générale : leur religion, qui devait être un moyen d'union, ne les a réunis que lors de l'impulsion fanatique donnée par Mahomet et continuée sous ses successeurs, par une suite de conquêtes étonnantes qui changèrent les mœurs de ces générations. Chaque tribu a son chef de religion, qui, dans les affaires intérieures, trop importantes pour être décidées par le cheik, juge d'après les principes du Koran ; mais ces ministres du culte ont peu d'influence pour étouffer les dissentions entre les tribus.

Les querelles sont interminables, des haines héréditaires font naître des combats, des pillages, des assassinats sans cesse renaissans; le sang doit être vengé par le sang. Les localités, des intérêts communs et des haines semblables unissent quelquefois, pour un temps, des familles et des tribus sous un même chef; mais la fin de la guerre, le partage des dépouilles brisent ces liens d'un moment, dès que les mêmes dangers ne les forcent plus à rester alliées.

Quoique dominés par les passions haineuses et les jalousies qui naissent de cet état habituel de guerre, les Arabes ont de belles qualités morales. Ils exercent, même envers leurs ennemis, l'hospitalité, plus commune chez l'homme de la nature, malgré ses besoins, que chez l'homme civilisé au sein de ses trésors. Cette vertu commence à perdre chez eux de sa pureté, par l'ostentation qu'ils y mettent, et parce qu'elle tient au besoin qu'ils ont de trouver des asiles dans les orages fréquens auxquels ils sont exposés.

Passionnés pour leur indépendance, ils méprisent le cultivateur et l'homme des villes; ils ont de la fierté dans le caractère et quelques sentimens élevés. C'est même une question à résoudre, si la fausseté, la dissimulation qu'on leur reproche, notamment dans leurs relations politiques et particulières avec les classes plus civilisées, sont le résultat de leurs mœurs, ou de l'expérience de la mauvaise foi de ces dernières ? La flatterie adroite qu'ils savent employer dans certaines occasions, tient-elle à leur caractère ou l'ont-ils apprise dans leurs relations étrangères (1)?

Les qualités que les Arabes estiment particulièrement, sont la franchise et la bravoure ; chez eux un des plus grands éloges est de dire d'un homme, qu'il n'a qu'une seule parole. Ils étaient peu habitués, avant l'arrivée des Français, à rencontrer cette qualité chez les dominateurs de l'Egypte.

Aucun titre, à leurs yeux, n'est plus beau que celui de père ; aussitôt qu'un Arabe a un fils, il change de nom et prend celui de père de ce fils. Ce que les Arabes désirent le plus, c'est la

---

(1) J'ai souvent été surpris d'entendre des Arabes élevés dans le désert, d'un aspect sauvage et couverts de haillons, sachant à peine lire quelques passages du Koran, employer, dans certaines discussions, une adresse de raisonnemens et des détours dignes des négociateurs les plus subtils, des flatteries qu'avouerait le courtisan le plus exercé, et parsemer leurs discours de grandes et belles images. En général l'imagination vive et les sentimens élevés des Arabes contrastent avec le sol brûlant et stérile qu'ils habitent, avec la simplicité et même la misère de leur vie. Dans leurs poésies, ils chantent l'Amour, tandis que leurs institutions, la polygamie et l'état d'abjection où leurs femmes sont réduites, devraient détruire presque entièrement cette passion.

multiplication de leur race, parce que leur pouvoir et leur ascendant s'accroissent dans la même proportion; c'est comme leur donnant beaucoup d'enfans, qu'ils honorent leurs femmes : réduites aux travaux du ménage et aux soins des troupeaux, elles n'ont ordinairement aucune influence publique ; cependant il est quelques exemples de femmes considérées pour leur aptitude aux affaires, qui ont succédé à leur mari dans la place de cheik (1).

Les guerres fréquentes ont déterminé les familles ou tribus à convenir des limites de territoire et des puits du désert, qui appartiendraient à chacune d'elles ; ce genre de propriété est général pour toute la tribu : les propriétés personnelles sont les troupeaux, dont la vente leur produit des grains, des armes et du tabac, et leur industrie qui se réduit à la location de leurs chameaux et à quelques branches

---

(1) La tribu de Bekir en Syrie, qui est fort puissante depuis la mort d'Akmet, Bekir cheik très-considéré, obéit à sa mère : il en est aussi dans la haute Egypte ; mais ces exemples sont très-rares.

Dans une visite à la tribu des Nefahat, j'interrogeais un vieillard qu'on me présenta comme l'historien de sa tribu ; il me dit, en parlant de leur établissement en Egypte, que Nefoa, lorsqu'il y vint, avait une femme *dont les yeux étaient aussi vifs et perçans que la balle qui sort du fusil* ; elle avait un grand caractère et beaucoup d'esprit, aussi ses enfans ont prospéré et les Nefahat ont actuellement cinq

très-faibles de commerce, tels que le charbon, la gomme, le sel, le natron, l'alun, etc., etc., que les localités restreignent à certaines tribus.

Les Arabes ne connaissent pas l'usage des impôts pour subvenir aux dépenses générales. Le cheik est ordinairement le plus riche; il doit, avec ses biens, entretenir ses cavaliers, et subvenir aux dépenses qu'occasionnent l'hospitalité et les réunions des autres chefs : excepté dans ces circonstances, il vit aussi simplement que le reste de la tribu.

Piller est un besoin pour tous les Arabes : les dépouilles sont partagées entre les familles, d'après des règles établies. Cet esprit de pillage est-il inhérent à leur degré de civilisation ? est-il le résultat des guerres qu'ils se font entre eux, ou naît-il de la jalousie qu'ils portent à l'aisance des classes plus civilisées qui habitent les terrains cultivés ? Je ne déciderai pas ces questions. Les Arabes se justifient, en disant que le pillage est un droit de conquête; ils regardent ce qu'ils prennent comme des trophées militaires, et se considèrent comme en guerre éternelle avec tout ce qui n'est pas eux.

---

cents cavaliers; tandis que les Tomelat n'en ont pas cent : ils descendent cependant d'un frère de Nefoa, qui vint en même temps que lui, mais dont la femme *avait des yeux de gazelle*, était douce et timide.

L'Arabe étant habitué dès l'enfance, à tout respecter dans les vieillards et dans ses pères, forme ses opinions d'après la leur ; rien n'excite en lui de nouvelles idées, et c'est ainsi que ses mœurs se sont perpétuées. Il ne trouve rien de plus beau, de plus noble, que son existence. Occupé de ses chevaux, de ses chameaux, de courses et de pillages, tandis que ses femmes gardent les troupeaux et tissent leurs grossiers vêtemens, il contemple avec mépris le reste des hommes, pense que c'est dégrader sa dignité que s'adonner à la culture des terres et habiter des maisons. Son mépris pour toutes les institutions étrangères s'oppose à leur influence.

C'est là ce qui conserve à tous les Arabes un caractère national, même à ceux qui ont eu le plus de relations avec les peuples civilisés, et qui ont adopté une partie de leurs usages. Mais quoique leur caractère ne soit pas sensiblement modifié par le contact des autres peuples, l'habitation des terres cultivées occasionne cependant quelques changemens dans leur état politique. Suivons-les depuis l'Arabe isolé dans le désert, jusqu'à celui qui est établi en souverain dans certains cantons.

L'Arabe bedouin vivant dans le désert du produit de ses troupeaux et de ses pillages, est reputé le plus noble et le plus pur. Les plus riches, ceux qui vivent dans l'aisance, en font le plus grand éloge, et même regardent comme un honneur d'en descendre ; mais ils ne sont pas tentés de l'imiter.

Il existe dans quelques tribus une classe composée de descendans de familles étrangères ou de Fellahs, qui, fatigués des vexations, se sont sauvés dans le désert et ont embrassé la vie arabe. Cette classe n'est point admise à la noble oisiveté et à la vie militaire des Bedouins ; elle est restreinte à la garde des troupeaux, à la conduite des chameaux, et aux travaux de la terre lorsque ces tribus ont quelques cultures: tels sont les Hattemeh dans la Charkieh. Quelques cheiks de tribus voisines des terres cultivées ayant augmenté leur puissance et leurs richesses, ont réduit le reste de la tribu à cet état secondaire; leur famille considérée comme d'origine noble et purement arabe est seule exempte de travaux.

Les Arabes ne font pas d'esclaves dans leurs guerres (1) ; n'ayant pas de travaux pénibles

(1) Quelques tribus puissantes de la Haute-Egypte paraîtraient devoir faire exception : encore les esclaves faits n'appartenaient-ils pas à des Arabes, mais à des Barabas. Pendant notre séjour, le cheik de la tribu de Tarfé Mahmoud ebn-ouafi envoya un parti de quelques cents cavaliers, à cent vingt journées dans le désert, contre une tribu dont il prétendait avoir à se plaindre : ces cavaliers ayant eu le dessous, passèrent en revenant sur les

pour les occuper, ils leurs seraient inutiles, et personne ne voulant les acheter, ils ne pourraient en faire un objet de commerce. Lorsque leurs ennemis tombent entre leurs mains, ils les tuent ou se bornent à les dépouiller, suivant l'importance qu'ils leurs supposent chez leurs ennemis ; quelquefois ils les gardent en ôtage. Ils connaissent cependant l'esclavage et achètent même des nègres de l'intérieur de l'Afrique ; mais il n'est chez eux, comme dans presque tout l'Orient, qu'une espèce d'adoption. L'esclave acheté entre dans la famille, il n'est chargé d'abord que du service domestique, mais, dès que son âge et ses forces le lui permettent, il accompagne son maître à la guerre ; tout lui devient commun avec les enfans ; souvent le maître joint au don de la liberté, celui des troupeaux nécessaires pour son établissement, et le marie. On voit des descendans de ces esclaves noirs partager l'autorité et la considération avec les autres Arabes ; plusieurs sont même parvenus à la place de cheiks. Les tribus du désert achètent moins d'esclaves, que celles voisines des terrains cultivés, qui ont besoin

---

terres du Dongola, où ils firent des prisonniers, et notamment prirent la famille du chef. L'héritier présomptif vint à Syout porter plainte aux Français, et le général Donzelot lui fit rendre ses frères et sœurs, ainsi que ses sujets qui étaient déjà disséminés dans les divers camps de la tribu.

d'une force armée considérable pour se maintenir et accroître leur puissance.

Plusieurs tribus se sont successivement établies sur la lisière des terres cultivées et du désert, d'autres dans des plaines sablonneuses qui forment des espèces d'îles au milieu des terres cultivées. Elles y vivent encore sous la tente ou dans des cabanes de roseaux, et y conservent leurs mœurs ; elles ont aussi leurs arrondissemens dans le désert, où elles envoient paître leurs chameaux, et peuvent se sauver avec leurs troupeaux, dès qu'elles ont quelque attaque à redouter. Cette proximité des terres cultivées leur fait prendre des habitudes et des besoins dont les purs Bedouins sont exempts. Ces Arabes se nourrissent mieux et font cultiver quelques terres par les classes inférieures ou par les Fellahs. D'autres Arabes ont quitté les tentes pour habiter des villages ; ils y sont distingués des Fellahs, par leur oisiveté, par la vie militaire de tous ceux qui tiennent aux familles des Cheiks et par une espèce d'indépendance. Devenus propriétaires et cultivateurs, ils sont davantage sous la main du gouvernement ; cependant plusieurs sont assez puissans pour lui résister, ou pour s'en faire craindre ; quelques-uns ont des cantons, où ils commandent en souverains. Le cheik Hamman était le véritable prince de la Haute-Egypte, lorsque Ali Bey anéantit son pouvoir. Depuis aucun ne s'est élevé à ce degré de puissance; mais il en est beaucoup qui possèdent des villages, soit comme propriétaires ou seigneurs, soit comme jouissant de terrains francs; ils maintiennent leur dignité par une nombreuse cavalerie et sont craints et respectés par un gouvernement faible et divisé.

Les Arabes se considèrent comme établis en Egypte par droit de conquête; les différentes tribus s'en sont partagé toute l'étendue par arrondissemens et jurisdictions (1), où chacune domine et a ses terres particulières. Ils regardent les Fellahs comme des vassaux qui doivent cultiver les terres nécessaires à leur subsistance, et payer un tribut pour celles qu'ils cultivent pour leur propre compte, pendant que toujours à cheval et armés ils les protégent contre les tribus ennemies. Ces tribus conservent dans cet état tout l'orgueil arabe, traitent avec les gouvernans de l'Egypte comme de souverain à souverain, trouvent indigne

---

(1) J'emploie le mot jurisdiction, parce qu'on trouve encore des traces des institutions des Arabes successeurs de Mahomet, qui avaient établi des espèces de juges de paix, nommés *sauager*; ces arbitres terminaient les querelles qui avaient lieu dans leurs jurisdictions. Ces places étaient héréditaires pour les chefs de certaines familles; les Arabes les consultent encore quelquefois : mais cette institution a été presque annullée, depuis que les Mamlouks ont envahi tous les pouvoirs.

d'elles de payer des contributions fixes, mais achètent leur tranquillité par des présens consacrés par l'usage, qui consistent en chevaux et chameaux, très-rarement en argent. Ils fuyent dans le désert plutôt que de se soumettre entièrement. Redoutés des cultivateurs et bravant le gouvernement, dans leurs fuites et leurs retours faciles ils forcent toujours les Fellahs d'acheter leur protection.

Le titre de cheik arabe est très-vénéré en Egypte; aussitôt que des cheiks de village sont assez riches pour entretenir une maison et un certain nombre de cavaliers, ils se procurent une généalogie qui les fait descendre de quelque ancienne famille arabe, et prennent le titre de *cheik el arab*.

Si les querelles et les haines invétérées des tribus arabes, ne s'opposaient pas à leur réunion, elles pourraient rassembler 40,000 cavaliers, et seraient maîtresses de l'Egypte; mais l'esprit de division qui les domine, en préserve le pays.

Les familles arabes qui habitent les villages, notamment les Aouarah dans la Haute-Egypte, paraissent descendre de ceux qui en firent la conquête, sous les successeurs de Mahomet; mais l'établissement des autres tribus est plus moderne; je n'ai pu en découvrir l'époque, non plus que celle de la distinction de leurs arrondissemens. Les vieillards des tribus établies

près

près des terres cultivées, font remonter leur immigration au onzième ou douzième siècle. Dans tous les temps le Nil a attiré sur ses rives les habitans du désert : du côté de la Charkieh sont les tribus venues de l'Arabie ; celles de la Barbarie s'arrêtent dans la Bahireh à l'ouest du Nil, elles sont plus belliqueuses et mieux armées que les autres.

Outre les alliances entre les tribus, il existe encore chez les Arabes de grands partis ou ligues, dont des cheiks puissans sont les chefs ; chaque famille et chaque tribu tiennent à l'une de ces ligues ; celles qui sont du même parti se soutiennent réciproquement dans leurs guerres. Lorsqu'il s'élève une rixe entre deux tribus du même parti, celle qui n'est pas soutenue par le reste de la ligue passe momentanément dans le parti opposé. Je n'ai pu découvrir l'origine de ces ligues, elles sont très-anciennes et se retrouvent chez tous les Arabes. Dans la basse Egypte l'un des partis est nommé *Sath*, l'autre *Haran ;* en Syrie, *Kiech* et *Yemani :* les familles de fellahs et les villages sont attachés à l'une ou à l'autre de ces ligues ; les beys dans leurs dissentions s'en appuyaient lorsqu'il y avait deux partis principaux dans le gouvernement. A l'arrivée de l'armée française, Ibrahim bey était Sath et Mourad bey, Haran ; en général, le parti Sath était attaché au gouverneur du Kaire.

Les Arabes paraissent, en quelque sorte, former un cadre, dans lequel la population de l'Egypte est enchassée; ils forment un gouvernement hors du gouvernement. Je me suis un peu étendu sur leur état politique, parce qu'on en trouve des traces dans toutes les autres classes.

Des Fellahs ou Cultivateurs.

Les fellahs ou cultivateurs de l'Egypte, tiennent beaucoup des Arabes, et sont probablement un mélange de leurs premières immigrations avec les anciens habitans. On retrouve chez eux la même distinction en familles; lorsqu'elles sont réunies dans un même village elles forment une espèce de tribu. Les haines entre les familles ou les villages sont aussi fortes; mais l'extrême dépendance détruit chez eux l'esprit altier et libre qui distingue l'Arabe. Les fellahs végètent sous un gouvernement féodal, d'autant plus rigoureux qu'il est divisé, et que leurs oppresseurs font partie de l'autorité qui devrait les protéger; ils cherchent cependant toujours à se rapprocher de l'indépendance des Arabes, et s'honorent de les citer pour ancêtres.

Les fellahs sont attachés par familles aux terres qu'ils doivent cultiver; leur travail est la propriété des mukhtesims ou seigneurs de villages, dont nous parlerons plus bas : quoiqu'ils ne puissent être vendus, leur sort est aussi affreux qu'un véritable esclavage. Ils possèdent et transmettent à leurs enfans la propriété des terres allouées à leur famille ; mais ils ne peuvent les aliéner, à peine peuvent-ils les louer, sans la permission de leur seigneur. Si, excédés de misère et de vexations, ils quittent leur village, le mukhtesim a le droit de les faire arrêter. L'hospitalité exercée par les fellahs, comme par les Arabes, leur ouvre un asyle dans d'autres villages, où ils louent leurs services, et où ils demeurent si leur propriétaire n'est pas assez puissant pour les y poursuivre ; ils sont aussi reçus chez les Arabes. Ceux qui restent dans le village sont encore plus malheureux ; ils doivent supporter tout le travail et payer les charges des absens : réduits enfin au désespoir, ils finissent par tout abandonner, et deviennent domestiques des Arabes du désert, s'ils ne peuvent se réfugier ailleurs. On voit plusieurs villages abandonnés, dont les terres sont incultes, parce que les habitans ont ainsi puni des propriétaires trop avides.

Les mukhtesims ou propriétaires de villages peuvent être comparés aux seigneurs du régime féodal ; ils perçoivent la plus grande partie du produit des cultures, dont ils forment ensuite deux portions inégales ; la plus faible, sous le nom de *miri*, est l'impôt territorial dû au Grand

Seigneur, et ils réservent pour eux la plus forte, sous les noms de *fays*, de *barani*, etc. Outre ces droits ils ont, ainsi que les seigneurs féodaux, la propriété immédiate d'une terre nommée *oussieh*, que les fellahs doivent cultiver par corvées outre celles qu'ils possèdent.

Un village n'appartient pas toujours à un seul propriétaire, souvent il en a plusieurs : pour établir clairement cette division de droits, on le suppose divisé en vingt-quatre parties, qu'on nomme *karats*, et chaque mukhtesim en a un nombre déterminé. Chaque portion du village, cultivée par une ou plusieurs familles, a pour cheik un des chefs de ces familles, nommé par le mukhtesim. Celui de ces cheiks qui possède le plus de richesses, qui peut entretenir des cavaliers, et qui a la principale influence dans les querelles et dans les guerres, est reconnu pour cheik principal et traite les affaires générales : mais il n'a d'autorité que dans sa famille ; ses avis ne sont suivis, dans le reste du village, qu'en raison de la crainte ou de l'estime qu'il inspire.

Outre les cheiks, il y a dans les villages quelques autres fonctionnaires; l'*oukil*, chargé par les propriétaires du soin des récoltes de l'oussieh ; le *chahed*, et le *kholi*, espèces de notables dépositaires du petit nombre d'actes qui se font dans les villages ; le *méchaïd*, le *mohandis*, espèces d'arpenteurs, etc., etc.

Le mukhtesim établit quelquefois un *kaimakan*, ou commandant de village chargé de le représenter, d'entretenir la police, de suivre les cultures et de veiller au paiement des contributions. Lorsque cet homme est assez bien escorté pour se faire obéir, qu'il ne cherche pas uniquement sa fortune, et que le propriétaire connaît assez ses intérêts pour n'en pas faire l'instrument de ses vexations, il est utile au village, parce que les querelles sont plus facilement appaisées, et que la police étant mieux observée les fellahs se livrent entièrement à la culture.

Les fellahs étant cultivateurs et propriétaires, ont plus de sujets de querelles que les Arabes ; leurs cheiks n'ayant d'autorité réelle que dans leur famille, il n'existe aucune puissance municipale centrale : si l'un d'eux ne prend pas de prépondérance, si les mukhtesims ne s'accordent pas pour entretenir un kaimakan avec une force armée imposante, l'anarchie s'empare du village et chaque famille veut venger elle-même ses querelles. Le besoin de s'occuper de la culture des terres les force cependant à des accommodemens, ils cherchent des arbitres ou des juges ; mais il n'existe aucune force chargée de faire exécuter ces arrêts ; souvent l'une des parties, qui se croit lésée par le jugement, s'y soustrait, à moins que quelque homme puissant ne la force à s'y soumettre.

Les kadis établis dans chaque province pour juger les différens, d'après le Koran, n'ont qu'un faible ascendant d'opinion ; on ne s'adresse à eux que pour quelques affaires générales entre plusieurs villages, et pour des discussions d'intérêt où il faut présenter des pièces judiciaires. Les mukhtesims, qui trouvent plus convenable à leurs intérêts d'être juges dans leurs villages ; les cheiks arabes, qui veulent conserver leurs jurisdictions, ont écarté les affaires de ces kadi : les mamlouks ont achevé de les neutraliser et de leur ôter toute considération. Leur avilissement contraint les fellahs à s'adresser, pour terminer leurs querelles, à des arbitres assez forts pour faire exécuter leurs décisions : ils choisissent les principaux cheiks de leurs villages ou des villages voisins, des cheiks arabes, leurs propriétaires, ou le kiachef ou bey gouverneur de la province.

Ces querelles interrompent quelquefois les cultures et les travaux nécessaires à l'irrigation : chacun cherche à piller ou à assassiner un de ses ennemis; on ne poursuit pas le coupable, qui souvent reste inconnu, mais toute la famille en devient responsable, et alors elle entraîne dans sa querelle, ses alliés, des villages entiers, et jusqu'aux grandes ligues elles-mêmes ; de-là des guerres qu'un médiateur puissant a seul la faculté de terminer.

Le gouvernement n'étant pas toujours assez

fort pour prévenir et réprimer les attaques auxquelles les villages sont continuellement exposés de la part des Arabes, ou les guerres qui naissent des haînes de familles, a dû permettre le port d'armes. Les fellahs ont, autant que leurs moyens le leurs permettent, de mauvais fusils à mèche, des poignards, des sabres, des lances, des bâtons. Lorsqu'ils se croient assez forts pour se libérer du droit de protection qu'ils paient aux Arabes, ils vont en armes labourer ou faire leurs récoltes ; la monture exclusive des cheiks, une jument arabe, est toujours pour eux, lorsqu'ils visitent leurs champs, l'instrument du combat ou de la fuite. Chaque village établit des gardes pour veiller à la conservation des digues pendant l'inondation ; lorsque la crue du Nil est faible ils se disputent l'eau. Des enclos flanqués de petites tours crénelées placés vers les puits éloignés des villages servent à défendre leurs troupeaux, lorsque l'ennemi paraît (1).

Les villages presque tous entourés de murs de terre crénelés, sont autant de citadelles, où les fellahs se retirent avec leurs bestiaux et se défendent s'ils ne sont pas assez forts en cavalerie pour tenir la campagne. Ces fortifications sont considérées comme presque imprenables

---

(1) On voit encore des tours semblables dans quelques parties de l'Europe, où le régime féodal a existé le plus long-temps.

par les Arabes et les fellahs, qui n'ont point d'artillerie et fort peu d'armes à feu; les mamlouks même évitaient de les attaquer, lorsqu'ils pouvaient les soumettre par la douceur ou par la trahison.

Leurs guerres ne sont que des rencontres partielles, ce sont plutôt des assassinats que des combats; le sang doit être vengé par le sang d'un ennemi, et ces hostilités seraient interminables si le gouvernement, les propriétaires ou des cheiks arabes puissans n'intervenaient pas comme médiateurs armés; et si l'usage du rachat du sang, en faisant payer des amendes au deux parties, et des indemnités pour les familles qui ont perdu le plus d'hommes, ne suspendait pas l'effet des haines éternelles de famille à famille.

Cet état de guerre presque continuel, ces alliances, ces ligues générales, habituent les fellahs à résister aux vexations de leurs propriétaires, et même du gouvernement, lorsque des circonstances s'opposent à l'envoi de forces suffisantes. De-là des révoltes très-fréquentes dans certaines provinces, et particulièrement dans celles où les Arabes sont nombreux.

On pourrait difficilement imaginer des hommes plus malheureux que les fellahs d'Egypte, s'ils connaissaient un terme de comparaison, si leur caractère et leurs préjugés religieux ne les portaient pas à la résignation, et s'ils n'étaient pas persuadés que le cultivateur ne doit pas jouir d'un meilleur sort. Ce n'est pas assez qu'ils paient au gouvernement et aux mukhtesims la plus grande partie du produit de leurs récoltes, qu'ils soient employés gratuitement à la culture des terres d'oussieh, que leurs mukhtesims aggravent tous les jours les droits qu'ils en tirent; les commandans de provinces exigent encore d'eux la nourriture de leurs troupes, des présens, et toutes espèces de droits arbitraires dont les noms ajoutent l'ironie à la vexation, tels que *raf el medzalim*, le rachat de la tyrannie, etc. C'est peu que la justice soit nulle ou mal administrée, qu'ils doivent payer pour l'obtenir, que ne le pouvant pas et se la rendant eux-mêmes ils soient obligés de payer des amendes, que la fuite même puisse difficilement les soustraire à ces vexations; il faut encore, pour les achever, que les Arabes dont ils sont entourés les forcent à payer leur protection contre les autres tribus : protection nulle en effet, puisque, malgré cela, ils n'en partagent pas moins les dépouilles et les récoltes de leurs protégés; et lorsque le gouvernement poursuit les Arabes, les pertes et les punitions retombent encore sur les pauvres fellahs qu'ils ont contraint de s'attacher à leur sort.

On doit attribuer à cet état misérable l'indolence générale des fellahs, leur sobriété, leur dégoût pour toute espèce de jouissances, et l'habitude d'enterrer l'argent, qui leur est commune avec toutes les classes. Certains d'attirer sur eux, par une apparence de bien être, l'attention et des avanies, quelquefois plus fortes que leurs moyens, ils ont le plus grand soin de cacher ce qu'ils possèdent. Bien différens des fermiers d'Europe, qui mettent leurs plus beaux vêtemens lorsqu'ils vont chez leurs propriétaires, les fellahs ont soin de se couvrir de haillons lorsqu'ils doivent paraître devant eux.

Des habitans des Villes, des Mamlouks et de leur gouvernement.

La population des villes est un mélange de plusieurs races, d'origine, de mœurs et de religions très-différentes. On y distingue particulièrement les artisans, les commerçans, tous diversifiés par leur pays et leur croyance, les propriétaires qui vivent de leurs revenus, les chefs de la religion et les militaires chefs du gouvernement.

Les habitans des grandes villes, n'appartiennent pas, comme les fellahs à des seigneurs; ils possèdent immédiatement leurs maisons, jardins, etc. et ont la faculté de les vendre. Ces villes, peu nombreuses, sont le Kaire, Damiette, Rosette et Alexandrie; Tenta est bien à-peu-près dans ce cas, mais c'est parce que son territoire appartient à une mosquée ; d'autres villes n'ont pas de propriétaires, mais leurs revenus sont affectés aux gouverneurs des provinces (1).

La distinction par familles se retrouve encore dans les villes ; l'exercice des arts et métiers est héréditaire, le fils imite les procédés de son père et ne les perfectionne pas. Si plusieurs familles d'une même religion exercent un même métier, elles forment une corporation, qui choisit pour son chef le plus riche et le plus considéré entre les anciens : elles habitent un même quartier.

Les commerçans forment aussi des corporations selon leur pays, leur genre de commerce et leur culte : chacune au Kaire a ses chefs, ses magasins et ses quartiers particuliers. Tout est corporation dans les villes d'Egypte, depuis celle des orfévres jusqu'à celle des porteurs d'eau, des âniers, et presque

(1) La population d'Alexandrie diffère de celle des autres villes ; les habitans occupés de leur commerce et de quelques métiers, sont un assemblage d'hommes des différentes parties des côtes de la Méditerranée, particulièrement de celles de la Turquie ; ayant plus de communication par mer avec Constantinople, ils sont plus soumis au Grand seigneur que les autres Egyptiens, et bravent souvent l'autorité des mamlouks.

celle des voleurs (1) ; le chef de la corporation est chargé de la surveillance de tous les individus, et répond d'eux aux chefs de la police. La seule classe qui ne forme pas corporation est celle très-nombreuse des domestiques ; ils dépendent des maîtres qu'ils servent. Les mamlouks et mukhtesims choisissent surtout pour domestiques des fellahs de leurs villages. Plusieurs, après avoir fait une espèce de fortune, non par l'économie de leurs gages, car ils sont peu payés, mais par les rétributions qu'ils exigent de tous ceux qui ont besoin de parler à leurs maîtres, obtiennent

---

(1) Il y a au Kaire un cheik des voleurs, qui retrouve ordinairement les objets volés, lorsque les agas lui ordonnent de les faire restituer.

Les Arabes regardent le vol de jour comme noble, il est pour eux une image de la guerre ; mais ils méprisent le voleur de nuit. Il existe cependant quelques familles Arabes qui ne partagent pas cette opinion et qui exercent ce métier, depuis plusieurs générations, avec la plus grande adresse. Je citerai celles des Ora-ora, dans la province de Charkieh. La terreur des châtimens, et les menaces faites à d'autres Arabes de les punir si ces vols ne cessaient pas, les suspendaient quelque tems ; mais, à la première occasion, ils recommençaient. Un cheik arabe dont ils dépendaient, et qui me livrait quelquefois les coupables, me disait que les punitions étaient inutiles, qu'habitués au vol, par principe et par éducation, on ne pouvait les corriger qu'en détruisant toute la famille. Il en existe de semblables dans la Haute-Egypte.

la permission de s'établir au Kaire, et leur famille entre dans la classe des artisans ou des commerçans.

Chaque religion ou secte, a son quartier séparé et son chef; elle en a plusieurs lorsqu'elle est suivie par plusieurs familles qui exercent divers métiers. Les Coptes sont la classe la plus nombreuse de chrétiens établis en Egypte : la plus grande partie habitent les villes, où ils sont principalement chargés de la perception des contributions, et de gérer les biens particuliers des chefs du pays ; seuls lettrés et habitués à ce genre de travail, ils se sont rendus nécessaires. Plusieurs exercent dans les villes des métiers, tels que maçons, menuisiers, etc. : d'autres habitent les villages, notamment dans la Haute-Egypte, et y cultivent les terres, ils y sont peu distingués des autres fellahs. Les chrétiens de Syrie, établis en Egypte, font le commerce avec leur pays, et se chargent de quelques entreprises de finances. Les Grecs, dont la plupart commercent avec leur pays, exercent aussi quelques arts, et fournissent des matelots. Les juifs sont particulièrement serafs ou compteurs et changeurs de monnaies, quelques-uns sont orfèvres, fripiers ou serruriers; les préjugés qu'on a contre cette nation, produisent les mêmes effets dans tous les pays. Les négocians européens, établis en Egypte, sont tous compris sous la dénomination de Francs ; ils ont leur quartier particulier au Kaire, et jouissent de quelques priviléges, quoiqu'exposés à une foule de vexations.

Les commerçans et artisans de tous les cultes ne sont pas beaucoup plus heureux que les fellahs ; un gouvernement destructif et tyrannique pèse sur eux. Les droits, multipliés sous diverses formes, leur enlèvent une partie de leurs gains ; et des avanies les font retomber dans la misère, aussitôt que leur aisance est connue.

Les ministres de la religion musulmane et de la justice, forment une classe intermédiaire, composée d'individus des classes inférieures, mais qui participent au gouvernement, parce qu'ils sont chargés du dépôt des lois et qu'ils ont de l'influence sur l'opinion.

L'expression vague des préceptes du Koran, seule loi écrite dans les pays musulmans, laisse aux docteurs une grande latitude pour les interprétations, et bien des moyens d'augmenter leur autorité. Quoique cette religion ait peu de dogmes, le fanatisme qu'elle inspire est un instrument que les prêtres savent employer avec succès.

Toutes les classes d'habitans sont admises à embrasser cette carrière (1) ; la première

(1) On voit beaucoup d'hommes des dernières classes, parvenus aux premiers emplois religieux. A l'arrivée des

éducation se borne à apprendre et à réciter quelques prières et passages du Koran, ensuite à lire et à écrire. Ceux dont les vues s'étendent plus loin, se perfectionnent dans la lecture et l'écriture, et étudient les commentaires du Koran qui ont été faits par la secte qu'ils embrassent ; voilà toute la science nécessaire pour être admis ; la plupart des imans et desservans des mosquées n'en savent pas davantage. La soumission aux chefs de la religion, des pratiques religieuses, l'art d'en imposer par des formes extérieures et l'affectation d'un langage plein de maximes leur fraïent la route aux premiers emplois. On remarque chez les principaux chefs de la religion, nommés en Egypte cheiks de la loi, l'astuce commune à tous les prêtres, qui, pour mieux dominer cherchent à s'emparer de l'esprit des hommes. Leur conversation est remplie de belles sentences morales, et de grandes images poétiques qu'ils pillent dans les livres arabes, c'est tout leur sa-

---

Français en Egypte, le cheik de la principale mosquée du Kaire, celle d'el-Azahr, était Abdallah Cherkaoui, fils d'un Arabe cultivateur dans un petit village de la Charkieh ; il a présidé le divan formé par Bonaparte. D'autres cheiks sont fils de fellahs. L'un des plus marquans par son esprit, le cheik el Mohdi qui fut secrétaire du divan, est fils d'un menuisier copte ; pris dans son enfance par un cheik, qui l'a fait musulman, il est parvenu, encore jeune, à être chef d'une des premières mosquées du Kaire.

voir ; on ne doit pas chercher en eux d'autres connaissances sur la politique , les sciences , etc. ; ils n'en soupçonnent pas plus l'existence que l'utilité.

Sous l'humble titre de Fakir (pauvre) , et de distributeurs des aumônes , ils jouissent de revenus considérables , affectés à l'entretien des mosquées et aux fondations pieuses. Ces revenus sont ceux de villages et de terres qui ont été successivement donnés aux fondations religieuses, par les souverains de l'Egypte et les particuliers; ils proviennent aussi de certains droits sur les consommations, etc., etc. Une autre cause a contribué à augmenter ces revenus, les propriétaires, craignant qu'après leur mort le gouvernement ne s'empare de leur succession, et voulant l'assurer à leurs enfans, en font hommage à des mosquées, sous la réserve de rentes qui doivent être payées à leur postérité ; on nomme ces fondations *risaks*.

Les cheiks ont une grande influence morale sur le peuple, les gouvernans les plus despotes se sont toujours crus obligés de les respecter. Mahomet imprima dans l'esprit de ses disciples l'opinion que le koran contenait tous les préceptes religieux et sociaux ; les interprêtes et les commentateurs de ce livre, devenus chefs de sectes, l'ont transmise à leurs successeurs, et les mêmes études portent simultanément aux places de jurisprudence et religieuses ;

religieuses ; les mêmes individus passent de l'une à l'autre sans difficultés, quelquefois même les exercent ensemble ; elles donnent toutes deux le titre d'Ulehma.

Lorsque les Turcs firent la conquête de l'Egypte, et en organisèrent le gouvernement, ils ne voulurent pas laisser aux Egyptiens les emplois de judicature ; la Porte nommait chaque année au Kaire un grand kadi, et des kadis secondaires qui en dépendaient dans chaque province ; ces emplois s'achetaient à Constantinople. Bonaparte rendit aux Egyptiens le droit de se juger ; les grands cheiks lui proposèrent des candidats : pour supprimer la vénalité de la justice, il défendit les présens et fixa les émolumens des juges.

Il existe au Kaire deux familles, qui jouissent de la considération attachée aux descendans directs du prophète, dont les chefs occupent des places héréditaires, auxquelles sont alloués de grands revenus. Le cheik el Bekri, descendant d'Aboubekr, est cheik des cheiks de la religion ; et le cheik Saadat, qui compte dans ses ancêtres Ali gendre et Fathmeh fille de Mahomet, ainsi que les kalifes Fathmites, est chef de la mosquée d'Hassan fils d'Ali.

Beaucoup de familles de Chérifs, ou descendans éloignés de Mahomet, qui sont originaires des villes de l'Hedjas et de l'Yemen, et qui y conservent des relations, forment aussi une classe un peu distinguée du reste des habitans ; elles s'adonnent au commerce, ou à la culture ; plusieurs villages sont entièrement habités par quelques-unes d'elles, principalement ceux dont les revenus sont affectés à des fondations pieuses : elles jouissent d'une certaine considération, et sont moins dégradées que les autres fellahs. On ne doit pas confondre ces chérifs avec ceux qui, par des alliances plus ou moins anciennes, ont acquis le droit d'en prendre le titre et de porter le turban vert.

La classe des propriétaires vivans dans les villes du produit de leurs villages, est composée particulièrement des descendans (1) des officiers turcs qui conquirent l'Egypte sous Selim II, et des Mamlouks qui partagèrent avec eux le gouvernement. Ces officiers avaient obtenu la concession d'une grande partie des villages ; ils recevaient la plus forte portion de leurs revenus, comme appointemens, et pour l'entretien des soldats qu'ils devaient toujours être prêts à conduire à la défense de l'état. Ils tenaient ces villages sous des conditions analogues aux *Timariots* du reste de la Turquie et à la suseraineté des temps féodaux : ils étaient aussi chargés de la perception des droits réservés

---

(1) Sous la dénomination de descendans on doit comprendre non-seulement la postérité directe, mais aussi les Mamlouks esclaves qui ont des droits dans la succession.

par le Grand-Seigneur, qu'on regardait comme seul propriétaire des terres, et qui pouvait en disposer après la mort de celui qui en avait la jouissance. Ses héritiers demandaient, ou plutôt achetaient du pacha de nouveaux titres de propriété. La corruption du gouvernement rendit les héritages plus faciles ; les femmes obtinrent des villages de leurs maris, et purent les transmettre à leurs enfans et à leurs esclaves.

Ces propriétaires composaient les différens corps de milice, les Ingcharieh ou Janissaires, les Odjaklis, les Assabs, etc., chargés de la défense de l'Egypte. Nous ne rappellerons pas que les chefs de ces milices, divisés par l'ambition, se sont entourés d'esclaves dont ils ne suspectaient pas la fidélité : nous n'examinerons pas l'influence que les usages sur l'adoption des esclaves ont eus dans toutes les affaires politiques, comment la race Turque a diminué, tandis que les Mamlouks croissaient en nombre et en puissance ; comment les Mamlouks, sur-tout depuis Ali-bey, se sont successivement emparés, par la terreur et par des alliances, de la plus grande partie des villages : ces considérations sont du ressort de l'histoire. A l'arrivée des Français, la classe des anciens propriétaires était réduite à un petit nombre d'hommes écrasés par les Mamlouks, au point d'être obligés de recourir à la protection de quelque bey et même des cheiks arabes, pour obtenir de leurs fellahs le paiement des revenus qui leur restaient sur des portions de villages. S'estimant d'une classe supérieure à celle des artisans et des commerçans, ils végétaient dans les villes, et les Mamlouks leurs confiaient rarement des emplois subalternes.

Les Mamlouks, dont l'organisation et la composition diffèrent totalement des institutions de l'Europe, ont été parfaitement peints par Volney, ainsi qu'une partie de leurs révolutions. Je n'en donnerai qu'une idée générale.

C'est un phénomène très-singulier, que de voir à côté des Arabes, très-attachés à la distinction des rangs transmise par leurs ancêtres, une classe nombreuse qui n'estime que l'homme acheté, dont les parens sont inconnus, et qui de l'esclavage s'est élevé aux premières dignités (1) : cette opinion est aussi générale dans toute la Turquie, même à Constantinople, au centre du gouvernement, qui a pour principe de conserver la race d'Osman, et où il existe

---

(1) J'ai entendu des officiers turks ainsi que des Mamlouks, me dire, en parlant de personnages qui occupaient de grands emplois, *c'est un homme de bonne race, il a été acheté.* Le Grand visir actuel et le Capitan pacha ont commencé par être esclaves. Et ce préjugé est tellement enraciné, que les enfans de ces mêmes individus n'ont pas le même degré de noblesse que leur père et mère qui ont été achetés

des familles très-anciennes et considérées. Cette opinion est-elle un hommage aux talens que l'homme parti du point le plus bas a dû montrer pour parvenir? tient-elle à ce caractère belliqueux, qui fait préférer un jeune homme élevé pour la guerre loin de ses parens? Dans un gouvernement tout militaire, les chefs ont-ils pensé que des esclaves qui tiennent tout d'eux, qui n'ont aucune famille, et qui les regardent comme leurs pères, doivent être plus attachés à leurs personnes et moins dangereux dans les emplois de confiance, que ceux qui, ayant la facilité d'appuyer leur autorité de celle de leur famille, pourraient se former des partis et se rendre indépendans ?

Dans un gouvernement militaire et féodal, cet usage de former des esclaves que l'on destine aux premiers emplois, pouvait seul parer aux dangers de l'agrandissement des familles principales. Lorsque l'Europe gémissait sous le régime féodal, les possesseurs de grands fiefs disputaient l'autorité aux souverains, l'anarchie des états était complette. C'est peut-être ce qui a prolongé l'existence des descendans d'Osman ; quelques esclaves élevés à des pachalics ont visé à l'indépendance, mais ils ont eu rarement une postérité qui pût suivre leur exemple, et après leur mort tout rentre dans le devoir. aucune grande famille n'a pu s'élever assez pour disputer le gouvernement à la famille régnante, ni faire une scission dans l'empire : l'Egypte est la seule province que son éloignement et l'organisation de son gouvernement aient disposé à former une exception. Le gouvernement Ottoman a été plus sage que les chefs de l'Egypte ; quoiqu'il ait employé des esclaves, il a prévu le danger d'avoir auprès de lui un corps armé toujours avide de pouvoir, disposé à s'en emparer, et qui pouvait servir d'instrument à des ambitieux.

Des Mamlouks, que les kalifes Fathmites avaient achetés pour former leur garde, finirent par s'emparer du gouvernement ; leurs chefs transmirent la puissance à leurs enfans : mais les descendans de Salah-ed-din s'amollirent, augmentèrent, comme les kalifes, le nombre et la puissance de leurs Mamlouks, et furent également supplantés. Les Mamlouks n'eurent plus alors de chefs héréditaires, la force ou le choix décidèrent de celui qui prendrait le commandement ; sa mort amenait de nouvelles querelles, et les partis s'accordaient pour un même choix, ou se partageaient l'Egypte.

Selim II saisit pour les attaquer le moment d'une de ces dissentions, et admit l'un des partis à partager le gouvernement : ces Mamlouks conservèrent une existence politique, et firent partie des corps de milice : des beys choisis entre eux par les chefs de ces corps et le pacha, étaient chargés de la police des provinces et admis aux délibérations du divan qui servait de contre-poids à l'autorité du pacha. Les grands officiers du gouvernement, voulant augmenter leur puissance, achetèrent des Mamlouks : Ibrahim kiaya qui en possédait le plus grand nombre, et qui sut s'attacher lespropriétaires des autres, s'en servit pour s'élever, se fit craindre et gouverna l'Egypte. Après sa mort les beys qu'il avait accoutumés à l'exercice de l'autorité voulurent en jouir; Ali bey, supérieur en talens et en caractère à tous les autres, devint leur chef et se rendit indépendant. La Porte rétablit bien un pacha, mais les Mamlouks, habitués à régner sur l'Egypte, ne lui laissèrent que l'apparence de l'autorité.

Tous les Mamlouks achetés par un chef, ou même par un de ses affranchis, sont regardés comme de sa famille; et lui donnent le nom de père : c'est ce qui forme les grandes distinctions du corps des Mamlouks. Ceux qui parviennent à jouer un rôle à leur tête, et qui y restent assez long-temps pour acheter beaucoup d'esclaves et pour les avancer, deviennent chefs de maison (1).

---

(1) Je ne parle pas de la postérité des Mamlouks, et cela doit surprendre : on serait porté à penser que les chefs devraient naturellement chercher à transmettre l'autorité à leurs enfans; mais cela n'est point chez les Mamlouks, leurs fils ne remplissent jamais de rôle important, ceux même que

Les affranchis et les esclaves d'un même maître se regardent comme frères ; mais à la mort de leur maître, les principaux sont souvent divisés d'intérêts : la faveur qu'ils ont eue de son vivant détermine leur richesse et leur pouvoir ; celui qui en a le plus acquiert la principale influence, et ceux de ses frères qui ne peuvent pas lui disputer l'autorité le reconnaissent pour chef : si plusieurs sont égaux en force, ils se font la guerre, jusqu'à ce que l'un d'eux succombe, ou qu'ils s'accordent par le partage de l'autorité.

Tous les Mamlouks actuels sont de la maison d'Ibrahim kiaya ; Ali bey, et Mahammed bey

---

la faveur de leur père a fait parvenir ne sont pas estimés. Deux causes morales entraînent l'extinction prématurée de cette race : d'abord l'opinion de la préférence à donner aux esclaves sur l'homme de famille ; ensuite le mépris qu'inspire, en général, aux Mamlouks l'habitant oisif des villes élevé dans le harem par les femmes. Les Mamlouks ne regardant pas leur fils comme leur successeur, comme l'appui de leur vieillesse, sa naissance n'est pas un nouveau motif d'attachement pour la mère, et les femmes, jalouses de conserver leurs charmes, suivent l'usage très-commun en Orient de se faire avorter. On doit peut-être aussi attribuer cette extinction de la postérité des Mamlouks, au climat d'Egypte, qui repousse la reproduction des races étrangères. Les observations des médecins, particulièrement celles du C. Degenettes, sur les naissances et la mortalité des différens âges, peuvent jeter un grand jour sur cette question.

Aboudahab se disputèrent l'autorité, et l'exercèrent successivement. La maison d'Ali bey existe encore dans les Mamlouks d'Hassan bey et d'Osman bey Hassan, qui, à l'arrivée des français, étaient réfugiés dans le Saïd. Ibrahim bey et Mourad bey principaux esclaves de Mahammed bey Aboudahab, avaient fini leurs longues querelles par gouverner ensemble l'Egypte; ils ont depuis formé deux maisons.

Des marchands turcs amènent des esclaves de Constantinople en Egypte: on les choisit depuis 6 jusqu'à 16 et 17 ans (1). Achetés par

---

(1) Ces esclaves sont de divers pays; il en est de Russes, d'Allemands, pris à la guerre; mais les plus nombreux et les plus estimés sont Georgiens, Circassiens, et des autres parties du Caucase; ces derniers parviennent plus souvent que les autres aux premiers emplois. Cette domination d'hommes originaires du Caucase sur l'Egypte est digne de remarque. En remontant aux premiers tems historiques, on la voit conquise par Cambise, et gouvernée par des Persans sortis de ces montagnes. Les Mamlouks y régnèrent après le Kalifes. Ils furent remplacés par des Turks, également originaires du Caucase. Aucun monument historique ne prouve que la conquête de Cambise, n'a pas été précédée de quelque autre émigration d'habitans de ces montagnes; des traditions parlent, à la vérité, des conquêtes faites par Sésostris: mais, d'après la répugnance que les Egyptiens ont montré constamment à quitter les rives du Nil, peut-on penser que ce fût avec des émigrations sorties de l'Egypte que Sésostris fit ces conquêtes, tandis que, depuis les tems historiques, on voit, au contraire, la population du Caucase

les beys, par les kiachefs, ou par les mukhtesims; ils sont pendant leur enfance employés au service personnel; leur éducation est toute militaire; c'est elle qui leur donne l'adresse, la force et la souplesse qui les distinguent dans les exercices

---

fournir des soldats à l'Egypte ? Cette observation ne préjuge rien sur une question long-tems discutée, celle de l'origine du peuple égyptien et de son antiquité ; ainsi que de l'influence qu'il eut, dès les tems les plus reculés, comme berceau des arts et des sciences, sur la civilisation et l'instruction des autres peuples. Il peut avoir reçu des soldats du Caucase sans être originaire de l'Asie. Une classe supérieure chargée de l'administration, du gouvernement et de la religion du pays, peut avoir été instruite dans les sciences, (et l'avoir été exclusivement au reste du peuple) sans en avoir reçu les principes d'aucune nation étrangère. Quelques sages ont pu sortir de l'Egypte, instruire d'autres peuples, les civiliser, et en les gouvernant diriger leurs conquêtes ; sans que ces colonies et ces conquêtes aient été faites par des émigrations considérables de ce pays.

Si les ruines magnifiques des temples de la Haute-Egypte sont des monumens d'habileté dans les arts, et d'instruction dans les sciences, n'en sont-ils pas aussi de l'esclavage et de la superstition de la classe inférieure du peuple ? Des zodiaques sculptés sur quelques-uns de ces temples, et par le moyen desquels on a déterminé le siècle de leur construction ; l'observation que les plus anciens sont les plus rapprochés des cataractes et des sources du Nil, et que les figures peintes et sculptées sur ces monumens ont le caractère africain, sont des faits dont on pourrait conclure que la population de l'Egypte, ou plutôt la classe qui y a porté la civilisation et les arts, est venue de l'intérieur de l'Afrique en descendant le Nil.

du corps, l'équitation et le maniement des armes : devenus assez forts et assez exercés, ils montent à cheval ; c'est alors qu'ils sont employés dans les expéditions, et que, suivant le degré d'affection qu'ils inspirent, on les attache à la garde plus particulière de leur maître.

Lorsque, pour récompenser leurs services, leur maître les affranchit, ils quittent sa maison, reçoivent de lui des propriétés, souvent même il les marie à l'une de ses esclaves ; ils ont alors le droit d'acheter des Mamlouks, et cessent d'être employés au service intérieur, mais ils sont toujours prêts à obéir à leur maître et le suivent à la guerre. La permission de laisser croître leur barbe est le signe extérieur de leur liberté. Quoique le nombre des kiachefs fût fixé, et que le corps des beys dût les choisir sous la confirmation du pacha, ceux qui avaient de l'influence nommaient leurs créatures, et les faisaient reconnaître par les autres. Les vingt-quatre beys étaient choisis parmi les kiachefs ; lorsqu'une de ces places était vacante, ils en proposaient un au pacha, qui le confirmait ; dans les derniers temps c'était une simple formalité, et le chef de maison le plus puissant, nommait des beys de sa famille. Mourad et Ibrahim, lorsqu'ils partagèrent le gouvernement, s'accordèrent pour avoir un nombre à-peu-près égal de beys.

Une grande carrière est donc toujours ouverte à l'ambition des Mamlouks ; d'esclaves ilspeuvent devenir beys, chefs de maison, et même souverains de l'Egypte. Leurs moyens de parvenir sont l'attachement, le zèle et l'obéissance, la force et l'adresse dans les exercices militaires, la bravoure dans les combats ; ils obtiennent ainsi la faveur de leurs maîtres, des richesses et la liberté : devenus kiachefs, ils peuvent obtenir des commandemens de province ou des expéditions, dans lesquelles ils pressurent les fellahs et les Arabes : ils accumulent alors l'argent nécessaire pour acheter et entretenir un grand nombre d'esclaves. La considération qu'ils ont acquise, la crainte qu'inspire une force militaire imposante, et les richesses les conduisent ensuite aux premiers emplois.

Les guerres entre les Mamlouks des différentes maisons, dont les chefs se disputaient le gouvernement, entraînaient la chute d'un parti qui se retirait dans la Haute-Egypte ; les vaincus étaient proscrits, leurs biens confisqués (1), et leurs beys étaient remplacés au

---

(1) Il faut remarquer que dans toutes ces révolutions, les biens et la personne des femmes des Mamlouks et beys proscrits, étaient toujours respectés, elles continuaient à vivre tranquilles au Kaire, y touchaient leurs revenus et

divan par des kiachefs du parti victorieux qu'on nommait beys à leur place. Le chef de la maison dominante, outre ce qu'il possédait par lui-même, devenait de cette manière possesseur d'une grande partie des villages de ses adversaires ; il en obtenait encore par des concessions qu'il forçait les mukhtesims à lui faire, et par la succession des gens de sa maison qui mouraient sans héritiers. Il se servait de toutes ces propriétés pour augmenter ses propres revenus, pour enrichir ses créatures, et pour rendre sa maison plus puissante.

Les beys et les kiachefs recevaient chaque année le commandement de quelque province ou arrondissement : ils y allaient faire une tournée, pour forcer le paiement des impositions dues au gouvernement et aux mukhtesims, soumettre les Arabes et maintenir la police ; mais leur intérêt propre les occupait bien davantage que les affaires publiques ; ils s'appliquaient à perçevoir les droits qui leur étaient alloués, saisissaient toutes les occasions de faire des avanies ou d'ordonner des amendes, forçaient les Arabes à leur offrir des présens, et nourrissaient leurs troupes aux dépends des villages.

---

envoyaient des secours à leur mari. C'est pour cette raison que les beys donnaient ordinairement à leurs femmes des villages et des propriétés considérables.

Outre les Mamlouks, tous à cheval, les beys et le gouvernement entretenaient quelques gardes à pied, etc. Fidèles à la politique turque de donner rarement une autorité militaire aux hommes du pays, cette infanterie peu nombreuse n'était pas composée d'Egyptiens, mais d'hommes de la partie occidentale de la Barbarie et d'Albanais. Ils étaient chargés, en sous ordre des Mamlouks, de la garde des villes et de la police des villages des beys qui les avaient à leur solde.

Le pacha envoyé de Constantinople, était bien censé le chef du gouvernement de l'Egypte; mais les beys, maîtres de toute l'autorité, ne lui laissaient que les marques honorifiques de sa place (1). Je me dispenserai donc

(1) L'organisation des armées turques composées de milices, nombreuses lorsqu'on les rassemble pour une expédition, mais qui se dispersent aussitôt qu'il n'y a plus qu'à conserver, contribue à rendre le pouvoir des pachas très-faible et seulement passager. La Porte se réveille quelquefois et songe à rétablir son autorité, elle envoie des armées qui y réussissent; mais aussitôt que le pacha a repris tous ses droits, les soldats retournent chez eux : réduit alors à ceux qu'il doit entretenir de ses revenus, et que par avarice il borne à un très-petit nombre, il retombe dans l'avilissement, et les Mamlouks, qui s'étaient éloignés pendant la présence de l'armée turque, reviennent envahir de nouveau toute l'autorité. Il y en a plusieurs exemples, notamment après l'expédition que le capitan pacha fit en 1788, contre Ibrahim et Mourad beys, en s'appuyant du crédit et des Mamlouks d'Ismaïn bey.

d'en parler, ainsi que des autres officiers et des effendis envoyés par la Porte pour régler des comptes, que les beys faisaient toujours arranger de manière qu'on n'eût rien à envoyer à Constantinople.

Les revenus des Mamlouks se composaient de ceux qui leur étaient particuliers, et de ceux du gouvernement.

Les revenus particuliers étaient ceux des villages qui appartenaient aux beys, kiachefs et mamlouks comme muhktesims ; les différens droits qu'ils percevaient dans leurs commandemens ; les avanies, les amendes, les présens qu'ils exigeaient. Les Coptes ont toujours eu l'adresse de se rendre nécessaires : chaque bey, chaque mukhtesim, en employait un par village, qui tenait les rôles de contributions et les percevait en son nom. Le bey propriétaire de plusieurs villages, avait un Copte supérieur aux autres, qui était à la fois son intendant et son secrétaire. Ce dernier se dédommageait sur les subalternes et sur les fellahs des humiliations qu'il devait supporter.

Les revenus publics se composaient du miri ou impôt territorial, que les mukhtesims percevaient et versaient entre les mains d'effendis, envoyés de Constantinople, mais obligés d'obéir aux beys ; des douanes, des droits sur le commerce intérieur, de la ferme de certaines exploitations, de la capitation des chrétiens, etc.

Ces divers droits, à l'arrivée des Français, étaient affermés: les douanes à des chrétiens de Syrie, les droits intérieurs à des négocians musulmans, les exploitations et le commerce du Natron et du Séné à des Francs, etc. etc. Ces revenus publics étaient affectés aux dépenses du gouvernement, l'excédent devait être envoyé à Constantinople, mais les beys principaux en disposaient.

Après la conquête de l'Egypte, le gouvernement français devint propriétaire des villages qui appartenaient aux Mamlouks et à des mukhtesims émigrés; il en perçut les revenus, ainsi que ceux des oussiehs, et se fit payer le miri. On ordonna un enregistrement des propriétaires de villages, pour constater les droits des mukhtesims qui restaient encore en Egypte. Les Coptes étant les seuls instruits du mode de perception et du produit des contributions territoriales, on dut continuer à les employer. Les douanes et les autres contributions indirectes furent organisées. L'histoire générale de l'expédition fera connaître plus en détail ce que les Français ont fait, pour une organisation des finances, également conforme au bien du peuple et aux intérêts du gouvernement.

L'évaluation des revenus que les Mamlouks tiraient de l'Egypte, entraînerait à des détails que ne comportent pas ces considérations générales; on croit assez communément qu'elle leur produisait

produisait de revenus publics et particuliers 35 à 40 millions. Ils ont varié chaque année sous les Français, selon les circonstances de la guerre, mais on peut les évaluer à 20 ou 25 millions : la raison de cette différence de produit est que, pendant la guerre, les douanes et les contributions indirectes rapportaient fort peu ; que les Mamlouks, qui surveillaient directement l'exploitation de leurs villages, et particulièrement celles de leurs oussiehs, en retiraient plus que les Français ne le pouvaient alors ; enfin qu'on avait supprimé les avanies, amendes et autres vexations qui rapportaient beaucoup aux beys.

Les Français n'ont pu recueillir aucun renseignement certain sur la population. Les Musulmans ont pris des Juifs une répugnance superstitieuse pour les dénombremens : à cet obstacle se joignait encore l'inquiétude des habitans sur le motif de telles recherches ; n'imaginant pas qu'on pût avoir d'autre but que celui d'obtenir de l'argent, ils pensaient que les Français cherchaient à savoir leur nombre, pour leur imposer une capitation. Ils ne tiennent aucun registre des naissances et des morts ; c'est avec beaucoup de peine que, dans quelques villes, on a obtenu la déclaration du nombre de ces derniers, et long-temps après celle des naissances ; mais elles n'ont jamais été bien exactes. Les états recueillis par le citoyen Desgenettes sont les seules bases qu'on ait pu se procurer.

Si les Mamlouks laissent peu de postérité, il n'en est pas de même des autres habitans, particulièrement des fellahs. Quoiqu'un petit nombre soit assez riche pour profiter de la loi qui autorise la polygamie, et que les femmes y passent très-vîte, ils ont tous beaucoup d'enfans ; sans cette fécondité les grandes pestes, affaibliraient beaucoup la population. N'ayant aucun renseignement sur celle des campagnes, on ne peut l'estimer ; cependant il paraît qu'on peut porter celle de toute l'Egypte à environ 2,500,000 habitans, ou au plus trois millions, compris la ville du Kaire, qui en a deux cent cinquante ou trois cents mille.

Résumé de l'état social des peuples de l'Egypte.

Depuis l'Arabe bedouin, jusqu'aux chefs du gouvernement, la force et les richesses sont les seules routes qui conduisent au pouvoir, et dès-lors l'unique objet de l'ambition. Tous sont peu délicats sur les moyens d'acquérir des trésors; tous cherchent à s'attacher des hommes qui leurs soient dévoués, et dont ils puissent utilement employer le courage et l'adresse. Les beys et les mukhtesims achètent des esclaves blancs et quelques noirs ; les cheiks arabes achètent des nègres. Chacun s'entoure d'une milice plus ou moins redoutable : se croit-il assez fort, il lutte et fait la guerre à ses concurrens ou à ses oppresseurs. Lorsqu'il n'existe pas dans le gouvernement une puissance capable d'en imposer à toutes ces forces divisées, l'anarchie est complette ; l'esprit de faction et les haines héréditaires se joignent aux sujets de querelles qui naissent journellement. Le cultivateur est presque toujours entraîné dans ces querelles ; il en a aussi de personnelles ; mais de quelque manière qu'elles se terminent, le produit de ses récoltes sert toujours à nourrir les combattans ; il doit payer les profusions des chefs pour augmenter leur pouvoir ; il n'est que le misérable instrument de leurs jouissances. Régi plutôt par les caprices des hommes puissans que par des lois fixes, il ne sait à qui du gouvernement de Constantinople, des beys, des mukhtesims, ou des cheiks arabes, il doit obéir. Obligé de les satisfaire tous, il exécute d'abord les ordres de celui dont, pour le moment, il redoute la vengeance ; de-là l'usage de mettre, chaque année, des troupes en campagne pour percevoir les contributions.

Les qualités morales et l'instruction ne conduisent à aucun emploi, elles ne procurent qu'une bien faible considération, et nulles richesses ; rien n'invitait donc à les cultiver. La seule étude est celle de la dissimulation, cette arme de la faiblesse ambitieuse : elle est autant le partage de toutes les classes du peuple, que la base de la conduite du gouvernement.

Des lois vagues, la vénalité des juges, l'absence d'une force spécialement destinée à poursuivre et punir les coupables, les refuges qui leurs sont toujours ouverts par l'hospitalité, déterminent le gouvernement à punir une famille, une corporation, un village, pour la faute d'un seul homme souvent fugitif, plus souvent inconnu ; il adopte ainsi l'usage des Arabes, d'étendre les vengeances personnelles à des familles entières ; il reconnaît le territoire de chaque tribu, pour exiger d'elles la restitution ou le paiement des vols qui s'y commettent. Dans un gouvernement mal organisé, cette méthode de punir une classe entière des fautes d'un seul homme, à du moins l'avantage d'intéresser tous les individus à se surveiller réciproquement. Les asyles sont une ressource, que tous les habitans se procurent mutuellement, contre l'oppression. Ce n'est pas par esprit d'ordre et de justice que les gouvernans, peu susceptibles de ces sentimens moraux, poursuivent les coupables, et cherchent à terminer les querelles ; mais c'est que la culture, les récoltes et le paiement des contributions en souffrent, et que les accomodemens leur procurent toujours des présens ou des amendes.

Le peuple égyptien a été soumis, dans presque tous les tems, à des conquérans étrangers, dont il a successivement détesté le joug. Toujours prompt à se livrer aux apparences d'un succès ; mais en proie aux haines, aux jalousies, effets de sa division en classes distinctes, jamais un concours simultané d'efforts n'exista pour briser ses chaînes ; les soulèvemens partiels furent toujours sévèrement réprimés : il conserve encore le même esprit d'inquiétude. Le gouvernement des Osmanlis est celui qu'il déteste le plus ; cette aversion est continuellement excitée par les Mamlouks et les Arabes, dont l'esprit domine en Egypte ; elle a sans doute contribué, malgré le fanatisme religieux, à l'attacher aux Français.

Les élémens de la société s'opposent en Egypte à toute amélioration ; aucun changement utile ne peut être opéré que par des étrangers appelés au gouvernement. Les Français se sont trouvés dans cette position ; mais outre les difficultés d'un premier établissement et celles qui naissent de l'état de guerre, combien d'obstacles moraux n'avaient-ils pas à surmonter ? l'attachement aux anciens usages, l'orgueil de la superstition et de l'ignorance qui repouse toute idée nouvelle, la différence de langage et de culte, les mœurs et l'état social des différentes classes, etc. etc. Il fallait organiser la justice, établir des autorités municipales, une police générale, et une administration uniquement occupée du bien public ; effacer les distinctions politiques et religieuses , habituer les hommes de cultes différens à obéir aux mêmes lois , changer la nature de la propriété territoriale et l'état des fellahs : il fallait intéresser les cultivateurs à perfectionner leurs cultures , les artisans et les commerçans à étendre leurs spéculations , par la certitude de jouir du fruit de leurs travaux; il fallait détruire les Arabes errans , ou saper par des institutions leur préjugés contre la vie sédentaire; il fallait enfin lier tous les intérêts particuliers à l'intérêt général, perfectionner le système des impositions, améliorer la distribution des eaux et l'irrigation, développer la culture des plantes coloniales, creuser des canaux de navigation , etc. etc. : alors l'Egypte se serait élevée au plus haut degré de prospérité. Mais il était nécessaire d'étudier parfaitement ce peuple , de détruire ses préjugés ; d'attirer sur les législateurs l'estime l'amour et la vénération , qui seules pouvaient leur donner une force morale suffisante pour établir et consolider de nouvelles institutions : cela ne pouvait être effectué que successivement et avec beaucoup de lenteur. C'est au moment où les Français avaient acquis en partie ces connaissances et l'ascendant moral d'où dépendait le succès, qu'ils ont abandonné l'Egypte. La paix qui procure la tranquillité à tous les autres peuples , n'est pas un bienfait pour les Egyptiens ; elle les rejette au sein des troubles et des dissentions intestines ; elle les replonge dans la barbarie.

L'orgueilleux musulman connaissait les peuples de l'Europe, seulement par l'horreur que des barbares fanatiques avaient inspirée à ses ancêtres : il ignorait, ou se refusait à penser, que ces mêmes peuples, affranchis de leurs préjugés, avaient fait des pas immenses dans la carrière de la civilisation ; tandis que lui, dégradé par ses propres institutions, peut se compter à peine au nombre des peuples civilisés. Lors de l'expédition de Bonaparte en Egypte, on vit, pour la première fois, les sciences et les arts s'unir à la marche d'un conquérant ; les Egyptiens apprécièrent dès-lors la puissance des Européens, la douceur de leurs lois, et l'étendue de leurs lumières ; leurs braves admirèrent les exploits des Français : tous reconnurent leur supériorité.

L'armée d'Orient laisse en Egypte de grands souvenirs et des regrets ; ces impressions sont un germe que l'avenir et les événemens feront éclore.

DE L'ÉGYPTE

APRÈS LA BATAILLE

D'HÉLIOPOLIS.

PREMIÈRE PARTIE.

DEPUIS le mois de Floréal an 8, jusqu'au mois de Brumaire an 9.

§. I.er *Situation de l'armée d'Orient, et projets de Kléber avant sa mort.*

APRÈS la bataille d'Héliopolis et le siége du Kaire, l'armée se trouva dans la situation la plus brillante. Les troupes bien habillées, bien nourries et payées régulièrement, étaient satisfaites de leur sort. La mauvaise foi des Anglais, lors de la rupture du traité d'el-Arich, avait excité leur indignation; les Turks n'étaient point pour elles des ennemis redoutables. Depuis le 18 brumaire, leur confiance dans le gouvernement, ajoutait au désir de conserver une conquête, dont elles sentaient toute l'importance et qui leur plaisait, depuis qu'elles y jouissaient de quelques agrémens et y supportaient moins de privations.

Les habitans, étonnés de voir le Visir de la Porte (le plus grand personnage que leur ignorance leur permît de connaître) battu par les Français, étaient persuadés que tous les efforts des Turks seraient désormais inutiles, regardaient l'Egypte comme la propriété de leurs nouveaux maîtres, et prenaient une grande confiance en eux. Ils avaient éprouvé, dans plusieurs occasions, combien leurs révoltes avaient été facilement dissipées par un petit nombre de troupes. Les charges de guerre, auxquelles les rebelles avaient été imposés, les dégoûtaient pour toujours de semblables soulèvemens. La paix avec Mourad bey contribuait encore à maintenir les Egyptiens dans ces sentimens.

Les contributions extraordinaires imposées au Kaire, en punition de sa révolte, donnèrent les moyens de payer l'arriéré qui s'élevait alors à onze millions y compris la solde, et d'attendre la saison où l'on perçoit les impositions ordinaires, pour fournir aux dépenses courantes. Les améliorations que l'état de guerre et les difficultés inséparables d'un nouvel établissement, avaient empêché Bonaparte d'effectuer, dans un pays où la langue, les mœurs, les usages, tout élevait des obstacles, Kléber pouvait les faire après la victoire d'Héliopolis. Celles qu'il ordonna dans toutes les parties de l'administration, apportèrent beaucoup d'économie dans les dépenses, diminuèrent les frais de perception, et mirent un frein à beaucoup de vexations ou de dilapidations.

Le général Kléber, voulant profiter des dispositions générales des habitans et faire sentir, particulièrement aux Coptes, que s'ils avaient été armés pendant le siége du Kaire, leurs quartiers n'auraient pas été pillés par les Turks, et qu'il était de leur intérêt de concourir avec les Français à la défense commune, les engagea à former un bataillon de cinq cents hommes, qu'il fit instruire et habiller à la française : il comptait l'augmenter autant que les circonstances le permettraient.

Cette formation d'un corps de Coptes était un moyen de développer le goût du service militaire ; mais il était encore plus avantageux d'engager les habitans du pays, chrétiens et musulmans, à s'enrôler dans les demi-brigades, où ils pouvaient prendre plus facilement le moral du soldat français. Kléber encouragea ces recrutemens : ils réussirent dans la Haute-Egypte ; la 21.e demi-brigade fit, en peu de temps, trois cents recrues qui se formèrent assez vîte. Les habitans de la Basse-Egypte y paraissaient moins disposés, cependant on aurait pu vaincre leur répugnance.

Les Grecs, d'un caractère plus belliqueux, se présentaient avec bien plus de zèle. Deux compagnies avaient déjà été formées précédemment par Bonaparte ; celle qui se trouvait au Kaire lors du siége, s'était fort bien battue. Kléber forma une légion où on engagea beaucoup de Grecs nouvellement arrivés dans les ports ; elle fut bientôt d'environ quinze cents hommes.

L'armée avait éprouvé beaucoup d'obstacles pour les transports, dans les momens difficiles, parce qu'alors les Arabes qui louaient leurs chameaux s'éloignaient. Afin d'assurer ce service important, Kléber fit établir un parc de cinq cents chameaux toujours disponibles, et qu'on employait, en temps ordinaire, aux différens services. Il ordonna une levée des chevaux et des chameaux nécessaires pour remonter la cavalerie et l'artillerie. Il fit établir des ponts volans pour faciliter les passages du Nil aux troupes qui auraient à marcher de la côte sur la frontière de Syrie, et ordonna des reconnaissances, pour organiser toutes les communications entre les divers postes occupés par l'armée.

Il arrêta, pour le Kaire, un plan de travaux simples qui remplissaient deux objets importans, celui de contenir les habitans de cette grande ville, et celui de la clorre de manière qu'aucun parti ennemi ne pût s'y introduire. Il ordonna aussi les travaux nécessaires pour la défense des côtes.

Il établit un comité administratif composé de cinq membres, chefs des principales administrations, qui discutaient avec lui les améliorations que les circonstances rendaient possibles.

Il arrêta beaucoup de dilapidations, ôta les moyens de spéculer sur le bien être des soldats et améliora leur sort, en faisant payer les rations de viande et de fourrage, et en mettant une partie de l'habillement au compte des corps.

La flotte turque, commandée par le Capitan-pacha, avait paru, dans les premiers jours de prairial, devant Alexandrie. Kléber ignorant si elle portait des troupes et méditait quelque débarquement, partit dès qu'il en eut la nouvelle, avec une partie des troupes qui étaient au Kaire, et donna des ordres pour réunir à Rahmanieh celles du Delta. Il quitta le Kaire le 14 prairial, apprit à Rahmanieh que le Capitan-pacha était venu seulement parader devant Alexandrie, afin d'entamer quelques négociations, défendit de recevoir à terre aucun parlementaire, et revint au Kaire, laissant dans le Delta, vis-à-vis Rahmanieh, un camp volant de deux demi-brigades et de deux régimens de cavalerie, disponibles pour aller sur tous les points de la côte qui pourraient être menacés, ou sur la frontière de Syrie.

Le général Menou était arrivé au Kaire à la fin de floréal. Depuis six mois, il avait eu l'ordre de s'y rendre : d'abord pour être employé aux négociations avec les Turks ; ensuite pour la campagne qui se préparait; et, après la prise du Kaire, pour en prendre le commandement. Mais en écrivant toujours qu'il allait partir, qu'il ne désirait rien tant que de combattre, il était resté paisiblement à Rosette jusqu'au moment où, les Osmanlis sortis du Kaire et rejetés dans le désert, on n'eût plus qu'à jouir d'une tranquillité due aux victoires de l'armée. Arrivé au Kaire, il fit des difficultés pour en prendre le commandement ; celui de la Haute-Egypte, où il paraissait désirer de voyager, lui fut offert : mêmes difficultés. Enfin Kléber, dans un de ses momens d'humeur caustique, lui écrivit qu'après lui avoir proposé les plus beaux commandemens, il ne lui restait plus qu'à lui offrir celui de l'armée ; le général Menou choisit celui de la Haute-Egypte, mais il ne partit pas.

Dans ce même temps, différens bruits injurieux pour Kléber, et qui tendaient à lui faire perdre la confiance de l'armée, furent semés au Kaire : on n'en connut pas alors l'origine, mais depuis on en a deviné l'auteur.

Lorsque le général Kléber partit pour Rahmanieh, il écrivit au général Reynier, qui était en tournée dans le Kélioubeh, de venir au Kaire pour en prendre le commandement, et surveiller la frontière de Syrie ainsi que la Haute-Egypte, tandis que lui serait sur les côtes. L'exprès s'égara, et le général Reynier ne put arriver qu'après son départ. Pendant ce temps le général Menou sollicita ce commandement : Kléber le lui accorda, en lui recommandant de se concerter avec le général Reynier pour les dispositions de défense, s'il y avait quelque mouvement du côté de la Syrie. Ce dernier, de retour au Kaire, lui donna tous les renseignemens qui pouvaient lui être nécessaires sur les fortifications, les troupes, les habitans et la police de cette ville qu'il connaissait peu.

Kléber fut de retour le 21 de Rahmanieh. Le 23, il montra au général Reynier la note qu'il faisait écrire en réponse à une lettre que Morier, secrétaire du lord Elgin, lui avait envoyée de Jaffa. Il entra dans quelques détails sur la conduite qu'il comptait tenir avec les Turks, et dont il l'avait déjà entretenu plusieurs fois. Il voulait profiter de la rupture du traité d'El-Arich et des arrangemens pris alors par les Anglais à l'effet d'occuper Alexandrie, Damiette et Souez, pour exciter le ressentiment des Turks contre eux ; il voulait aussi éviter les communications avec les chefs de ces deux armées, en même-temps qu'il tâcherait d'établir une correspondance directe avec Constantinople. Par ce moyen, on aurait pu correspondre avec le gouvernement français, en recevoir des nouvelles et faire consentir les Turks à un traité de neutralité, jusqu'à la paix générale. Un pareil traité aurait donné à l'armée française l'assurance de n'être attaquée que par une expédition maritime, que les Anglais n'auraient sûrement pas tentée sans l'appui des Turks; il aurait augmenté les ressources en rétablissant une partie du commerce.

§. II. *Assassinat de Kléber. Le général Menou prend le commandement. Sa conduite dans les premiers temps et jusqu'en fructidor.*

Le 25 prairial, le général Kléber après avoir passé, dans l'île de Raoudah, la revue de la légion Grecque, vint au Kaire voir les réparations qu'on faisait à sa maison. Il se promenait sur la terrasse de son jardin, avec le citoyen Protain, architecte, lorqu'il fut frappé de plusieurs coups de poignard. L'assassin, arrivé au Kaire à la fin de floréal, avait suivi Kléber depuis Gizeh, s'était introduit dans la maison avec les ouvriers et avait saisi le moment où ce général, occupé de sa conversation, ne pouvait l'apercevoir. Les généraux se réunirent chez le général Damas dès qu'ils apprirent cette nouvelle : le corps de Kléber y avait été porté. On fit la recherche de l'assassin, qui fut arrêté bientôt après, et on l'interrogea.

Les Cheiks et les Agas de la ville avaient été mandés ; on voulait examiner si cet attentat n'était pas lié à quelque conspiration plus étendue. Un aide-de-camp vint demander s'ils devaient être introduits : le général Reynier, à qui il porta la parole, lui dit de s'adresser au général Menou, qui le lui renvoya, et il s'établit entre eux une discussion sur le commandement de l'armée.

Le général Menou protesta que ce commandement ne lui convenait pas ; que, n'ayant pas fait la guerre activement, il était moins connu des troupes que le général Reynier, et *qu'il l'avait déjà refusé dans d'autres occasions* : il prodigua *sa parole d'honneur*, qu'il donnerait plutôt sa démission d'officier général que de l'accepter, et que même si on l'y forçait, il s'en servirait pour ordonner au général Reynier de le prendre. Ce général lui observa, qu'en pareilles circonstances les lois ordonnaient au plus ancien de grade de prendre le commandement provisoire, en attendant les ordres du gouvernement ; et que, s'il désirait avoir le temps de faire ses réflexions avant d'accepter, il ne pouvait au moins se dispenser de donner des ordres en sa qualité de commandant du Kaire ; que, quant à lui, il croyait ce commandement trop délicat pour s'en charger légérement ? Voyant qu'il ne se décidait pas, il le prit à part, renouvella ces observations, en ajoutant qu'une pareille discussion devait être renvoyée à un moment plus calme.

Le général Menou répéta encore, qu'il ne pouvait prendre le commandement, qu'il n'avait pas fait la guerre et n'était pas connu des soldats, peut-être prévenus contre lui par son changement de religion. Le général Reynier lui dit qu'il ne devait point regarder ce changement comme un obstacle, que même il le rendrait plus agréable aux habitans du pays, qu'enfin tous les généraux et lui en particulier l'appuyeraient de tous leurs moyens et de leurs conseils ; il l'invita à répondre au moins comme commandant du Kaire et le retourna du côté de l'aide-de-camp ; la discussion finit alors. On continua de faire des informations sur l'assassinat, et, dès le lendemain, le général Menou prit le titré de *commandant l'armée par intérim*. Il nomma le général Reynier président de la commission chargée de juger l'assassin.

Après les funérailles de Kléber et l'exécution du coupable, le général Menou prit le titre de *général en chef*. L'armée le vit avec beaucoup de peine succéder à ses anciens chefs.

Plusieurs corps élevèrent des murmures, mais les généraux les appaisèrent : ils espéraient que son habitude des affaires suffirait pour bien diriger l'administration du pays, et qu'au moment du danger ils pourraient l'aider de leur expérience.

Le général Menou chercha, pendant les premiers jours, à se concilier les esprits : généraux, administrateurs, il les accueillit tous, leur fit de fréquentes visites, il sembla même aller au devant de leurs avis. Mais bientôt des traits d'animosité contre son prédécesseur, des tracasseries pour sa succession, commencèrent à dévoiler au moins sa maladresse. Les murmures de l'armée et des reproches adressés au général Reynier de l'avoir engagé à prendre le commandement, excitèrent sa jalousie, quoique la conduite franche de ce général fût bien propre à le rassurer sur les suites de cette rivalité.

Le commandement de l'Egypte pouvait procurer à-la-fois les plus brillantes réputations, celles de militaire, de législateur, et d'administrateur ; pour se les assurer, il fallait être confirmé par le gouvernement, et effacer le souvenir de la gloire de Kléber. Des partis coloniste et anti-coloniste furent inventés : le général Menou se mit à la tête du premier et proclama l'engagement de conserver l'Egypte. On répandit en France l'opinion que les autres généraux formaient le second et voulaient renouveler le traité d'El-Arich (1). A cette époque l'Osiris fut expédié secrètement.

---

(1) La différence entre ces deux époques était bien appréciée par tous les individus de l'armée. Lors du traité d'El-Arich, elle ne recevait de la France que des nouvelles affligeantes : les armées étaient battues, les frontières entamées. Les déclamations que le Directoire autorisait, contre l'expédition d'Egypte, faisaient regarder l'armée comme en exil. Ignorant encore le sort de Bonaparte et l'heureuse révolution qui rendit à la France son énergie et sa gloire, elle brûlait de porter ses armes victorieuses dans sa patrie pour la sauver. Kléber avait continué des négociations, afin d'éclairer les Turks sur leurs véritables intérêts, de retarder leurs opérations et de gagner du tems, en attendant les ordres du gouvernement et des secours : n'ayant plus d'autres moyens de les prolonger, il avait proposé des conférences et une suspension d'armes. Les Anglais, qui avaient dû intervenir, surent retarder l'annonce de la suspension d'armes et le transport des plénipotentiaires envoyés à la conférence, de manière qu'El-Arich fut attaqué et livré par surprise, pendant que les Français se reposaient sur la foi de l'armistice.

El-Arich pris, le général Desaix au pouvoir de l'armée turque, une partie de l'Egypte insurgée, on ne pouvait plus avoir que difficilement l'argent et les vivres nécessaires à l'armée ; les villes des côtes étaient dans une situation à faire craindre des événemens semblables à celui d'El-Arich. L'armée turque allait se répandre en Egypte, des corps de Russes et d'Anglais devaient se joindre à elle : l'armée d'Orient pouvait n'être pas victorieuse ; ses victoires même devaient l'épuiser, ne recevant pas de secours ; elle

Convaincu qu'il ne pouvait pas aspirer à une réputation militaire, le général Menou tourna

---

pouvait prévoir qu'elle succomberait après quelques attaques successives, et des auxiliaires Européens, en aidant les Turks, auraient acquis chez eux une influence politique dangereuse pour la France. Kléber, persuadé que le Directoire abandonnait tout projet sur l'Egypte, et que les vieilles bandes de l'armée d'Orient, arrivant en Europe au commencement de la campagne, pourraient sauver leur pays, fit le sacrifice de la gloire qu'il pouvait acquérir contre les Turks, dans l'espoir d'être plus utile. Il voulait par ce traité séparer les Turks des Russes et des Anglais, les déterminer à faire la paix avec la France, et à lui assurer, dans le commerce, des avantages équivalens à la restitution de l'Egypte. Mais le Visir dépendait trop des Anglais pour y consentir ostensiblement; il ne donna que des assurances verbales que cela s'arrangerait après l'évacuation; les négociations étaient trop avancées pour reculer, et le traité fut conclu. Son exécution était commencée lorsqu'on apprit la révolution du 18 brumaire. L'armée pouvait alors espérer que le gouvernement s'occuperait d'elle si elle restait en Egypte : mais Kléber était trop loyal et trop esclave de sa parole pour rompre un traité qu'il avait signé. Les faux calculs du gouvernement anglais, sa mauvaise foi jointe à l'insulte, tournèrent contre lui; ils rendirent à l'armée d'Orient ses armes et lui valurent une nouvelle conquête de l'Egypte.

Lorsqu'on aurait cherché les circonstances les plus favorables pour procurer à cette armée une victoire complette, on n'aurait pu les mieux préparer qu'elles ne le furent, par l'évacuation de la partie orientale de l'Egypte, la marche des Turks et la réunion de l'armée française. Si, au lieu ses vues vers la carrière administrative ; il affecta de s'occuper de tous les détails, et, cherchant à donner une grande idée de sa moralité et de sa probité, il cria fortement contre les dilapidations ; il promit enfin de détruire tous les abus, et cependant Bonaparte et Kléber en avaient peu laissé subsister. Pressé de donner des espérances favorables de son administration et d'y intéresser l'armée, il publia l'engagement de tenir toujours la solde au courant, avant d'avoir assez étudié les finances de l'Egypte, pour en assurer les moyens ; il mit beaucoup d'ostentation à créer une commission chargée de surveiller la fabrication du pain. Lorsqu'il crut

---

de signer la convention, on avait ouvert la campagne, il y aurait eu beaucoup d'affaires partielles, de privations, de marches pénibles et on aurait peut-être fini par succomber. A Héliopolis les deux armées étaient réunies : aussi la victoire fut-elle brillante et décisive.

Après cette bataille et la nouvelle de la révolution du 18 brumaire, la situation de l'armée était bien changée. Assurée, au moins pour un an, de la possession paisible de l'Egypte, elle pouvait espérer que le gouvernement, qui alors méritait toute sa confiance, veillerait sur elle. Les derniers dangers avaient attaché tous les individus de l'armée à la conservation de l'Egypte, et si on avait voulu y chercher des anti-colonistes, l'armée entière aurait désigné l'homme seul qui passait à Rosette, à déclamer contre les opérations de son chef, les époques où elle scellait de son sang cette nouvelle conquête.

apercevoir qu'on lui obéissait avec moins de répugnance, il changea de genre de vie, devint moins accessible ; entouré de liasses de papiers, il avait l'air de travailler beaucoup, mais les affaires les plus pressées restaient en souffrance.

Sous Bonaparte et sous Kléber l'armée d'Orient n'avait qu'un même esprit ; tous étaient unis par les mêmes dangers et les mêmes espérances : un nouveau chef créa un nouvel esprit. Aisément il aurait pu se concilier l'armée, secondé par tous les généraux qui, pénétrés de la nécessité d'être unis, agissaient de cœur pour lui : il préféra de se faire quelques partisans par des menées sourdes ; mais leur développement fut long-temps couvert d'un voile que ses démarches ostensibles rendaient plus difficile à soulever.

§. III. *Evénemens politiques.*

La note que Kléber avait préparée pour accompagner le renvoi de la lettre de Morier, secrétaire de lord Elgin, n'était pas encore partie ; le général Menou en adoucit quelques expressions et l'expédia, le 2 messidor, telle qu'elle a été imprimée dans les journaux.

Le 9 du même mois M. Wright, lieutenant du Tigre, arriva en parlementaire par le désert, avec des dépêches du Vizir et de Sidney

Smith : il annonçait que l'Angleterre avait délivré les passe ports nécessaires pour l'exécution du traité d'El-Arich. Il s'était déjà présenté à Alexandrie, mais refusé, d'après les ordres de Kléber qui avait rompu toute communication avec les Anglais et le Vizir, il avait passé par la Syrie. M. Wright avait appris en route l'assassinat de Kléber, et avait tenu à Salahieh divers propos pour engager les soldats à se révolter contre les généraux qui refuseraient de les ramener en France : ses discours n'avaient produit d'autre effet que l'indignation. D'après sa conduite on aurait pu l'arrêter comme espion, il fut renvoyé.

De nouvelles lettres du Vizir arrivèrent le 15; elles étoient relatives à la note envoyée à Morier: il lui fut répondu de s'adresser à Paris. Le 13 fructidor, il fit passer encore une dépêche; il essayait toujours d'entamer quelques négociations et craignait d'être prévenu par le Capitan-pacha. Ces deux premières autorités de la Porte rivalisaient d'activité, pour renouer avec l'armée française et s'en faire un mérite à Constantinople.

Le Capitan-pacha était venu à Jaffa, avec Sidney Smith, au commencement de messidor, pour concerter avec le Vizir un plan d'opérations militaires ou de négociations. Ils n'avaient pas de forces qui leur permissent de rien entreprendre; aussi la conférence entre le

chef

chef suprême de toutes les forces ottomanes, alors sans armée, dont le crédit à sa cour avait beaucoup baissé depuis la bataille d'Héliopolis, et le Capitan pacha, son subordonné mais favori du Sultan, se passa, sans rien décider, à s'observer mutuellement; puis ils se séparèrent, déterminés à négocier chacun de son côté.

Le Capitan pacha reçut à son bord, à Jaffa, l'aide-de camp Baudot, enlevé par surprise à Héliopolis, et retenu pour servir à l'échange de Moustapha pacha, que Kléber avait gardé comme ôtage. Ce pacha étant mort subitement à la nouvelle de l'assassinat de Kléber, cet événement prolongea la captivité de Baudot, qui ne fut rendu à Damiette qu'à la fin de thermidor. Le Capitan pacha avait eu pour lui des égards qui contrastaient avec les mauvais traitemens du Vizir.

Avec quelqu'adresse on aurait pu se servir de l'intérêt personnel de ces deux chefs de l'empire Ottoman, pour renouer des négociations tendantes, non à leur céder l'Egypte, mais à paralyser leurs efforts, à les éloigner des Anglais et peut-être même à les disposer à la neutralité pendant la guerre (1). Mais le général Menou répondit, à toutes leurs propositions,

(1) Le général Menou reçut alors des lettres adressées à Kléber par le gouvernement, elles annonçaient que les Turks n'étaient pas éloignés de consentir à cette neutralité.

qu'il fallait s'adresser à Paris pour les arrangemens relatifs à l'Egypte : les Turks, qui sont accoutumés à voir les gouverneurs de provinces se rendre indépendans, regardèrent cette réponse comme une défaite et se persuadèrent que toute négociation devenait inutile.

Baudot, d'après les entretiens qu'il avait eus avec le Capitan pacha, pensait qu'en lui insinuant que les négociations sont ordinairement entamées par des commissaires pour l'échange des prisonniers, et qu'après la conduite des Anglais et l'intention qu'ils avaient manifestée de s'emparer des ports, si le traité d'El-Arich avait eu son exécution, on éprouverait des obstacles de leur part à tout rapprochement de la France avec la Porte qui viendrait à leur connaissance ; il aurait consenti à l'envoi d'un agent français à Constantinople qui, sous le prétexte de l'échange des prisonniers, aurait traité directement des affaires relatives à l'Egypte.

Le Capitan pacha alla faire de l'eau en Chypre: lorsqu'il reparut en vendémiaire, le général Menou chargea le général Baudot de lui conduire Endjeah-Bey, fait prisonnier sur un vaisseau qui avait échoué vers Aboukir, et de tâcher de faire un traité pour l'échange des prisonniers. Il écrivit, au Capitan pacha, qu'il fallait d'abord s'en occuper et qu'il pourrait s'adresser ensuite à Paris pour le reste. Baudot lui annonça qu'il ne réussirait pas, mais il reçut l'ordre de partir et on lui adjoignit un officier chargé de l'espionner. Le Capitan pacha ne s'arrêta pas longtemps devant Alexandrie, il retourna à Rhodes; Baudot ne put remplir sa mission, et Endjeah-bey fut, peu de tems après, renvoyé sur un bâtiment grec.

§. IV. *Esprit des habitans de l'Egypte. Evénemens militaires jusqu'au mois de brumaire.*

L'Egypte était fort tranquille ; les contributions se payaient, dans toutes les provinces, sans qu'il fût besoin de forts détachemens pour les percevoir. La plupart des tribus arabes étaient soumises ; celles qui ne l'étaient point encore avaient fui dans le désert, ou s'étaient dispersées dans les villages, pour éviter les poursuites : convaincues de la puissance des Français, c'était moins des intentions hostiles, que leur caractère craintif et défiant, qui les empêchait de se rapprocher d'eux. Le débordement prochain du Nil et le mauvais état de l'armée du Vizir, garantissaient qu'avant plusieurs mois on n'aurait à redouter aucune attaque extérieure. Un parti de 400 cavaliers Turks, qui était venu à Katieh pour servir d'escorte à M. Wright, ne pouvait donner aucune inquiétude. Des rapports annoncèrent, au commencement de thermidor, que l'armée du Visir se préparait à marcher; cela n'était pas probable, cependant la garnison, de Salahieh fut renforcée d'une demi-brigade, qui bientôt après rentra au Kaire.

Mahammed bey l'Elfi était venu de Syrie par le désert, annonçant qu'il allait joindre Mourad bey; mais il restait chez les *Mahazi*, tribu d'Arabes rebelles qui habite les déserts du *Chark-Atfieh*. On le fit chasser par un détachement de dromadaires; d'autres partis se portèrent dans l'isthme de Souez pour l'arrêter s'il cherchait à rétrograder : on le poursuivit long-temps; ses équipages furent pris, il fut même réduit à errer avec 25 cavaliers.

Le général Menou fit rentrer au Kaire, à la fin de thermidor, la soixante-quinzième demi-brigade, que Kléber avait placée dans le Delta, pour y former un corps de réserve avec la vingt-cinquième et le vingtième régiment de dragons. Les ponts volans établis par Kléber à Rahmanieh et à Semenhoud, pour faciliter les passages du Nil et les communications de l'armée depuis la côte jusqu'aux frontières de la Syrie, furent retirés.

Bientôt après l'inondation couvrit les terres; l'armée ne pouvant être attaquée avant la retraite des eaux, aucune raison n'exigeait alors des mouvemens de troupes; cependant le général Menou ordonna à la division du général Friant d'aller relever à Alexandrie, Rosette et Rahmanieh, celle du général Lanusse qu'il voulait appeler au Kaire. Des considérations très-fortes auraient dû empêcher un pareil change-ment : Lanusse commandait depuis long temps à Alexandrie, il connaissait très-bien la défense de cette côte et avait l'habitude des relations avec les habitans de la ville et ceux du Bahireh : la peste régnant presque toujours à Alexandrie, il était à craindre que ce déplacement ne la portât au Kaire : enfin ce mouvement ne pouvait s'opérer, pendant l'inondation, qu'avec des barques et c'était employer inutilement tous les moyens de transports, à la seule époque favorable pour approvisionner Alexandrie, etc., etc. Mais le général Menou se souvenait que Kléber, fatigué de la prétention qu'il avait eue de commander Alexandrie et le Bahireh, sans sortir de Rosette, l'avait remplacé par Lanusse : il voulait aussi travailler l'esprit de ses troupes, et contraindre par des dégoûts, cet officier, qu'il n'aimait pas, à demander son passe-port pour la France.

Trois tribus Arabes des environs de Gaza, les *Tarabins*, *Teha* et *Anager*, s'étaient réfugiées dans le désert, après une courte guerre contre les Osmanlis qui avaient assassiné, par trahison, leurs principaux *cheiks*. Jamais les Arabes ne pardonnent cet attentat, dont les exemples sont si fréquens chez les Turks. Ces tribus envoyèrent demander au général Reynier la permission de s'établir en Egypte, sous la protection des Français: elles alléguaient en leur faveur, que la cause de ces persécutions était leur alliance avec eux pendant la campagne de Syrie : c'était en effet le prétexte des Osmanlis; mais leur véritable motif était que Mahammed-Aboumarak, maître d'hôtel du Grand-Vizir, qu'il venait de faire pacha de Gaza, avait des haines de famille à satisfaire contre ces tribus, et qu'il profita de son élévation pour se venger.

Le général Reynier jugea que ces Arabes pourraient être utiles; que placés dans le désert entre la Syrie et l'Egypte, ils donneraient avis des mouvemens des Osmanlis. Il espéra qu'en éveillant leur intérêt, on les porterait à intercepter la contrebande de grains, qui se faisait chaque jour sur cette étendue immense de déserts, que, de plus, si l'on devait faire une nouvelle campagne en Syrie, ces Arabes pourraient servir. Il proposa au général Menou de leur accorder une partie de l'Ouadi-Tomlat et le désert qui le sépare de Katieh et de Souez. Ces Arabes annonçaient être au nombre de 7000, femmes, enfans et vieillards compris; ils disaient avoir 500 cavaliers et 800 hommes montés à dromadaires, ainsi que beaucoup de bestiaux; mais comme ils vinrent successivement et se dispersèrent dans le désert, on ne put pas juger exactement de leur nombre. Leurs principaux *cheiks* ayant été tués, il ne se trouvait plus parmi eux d'hommes influens, dont on pût utiliser l'intelligence; et le général Menou les ayant reçus mesquinement, on n'en tira pas un grand parti.

§. V. *Intrigues. Origine des divisions.*

Les mois de thermidor et fructidor offrent peu d'événemens remarquables : les intrigues étaient encore obscures ; on s'étonnait cependant des atteintes portées à la mémoire de Kléber ; ces coups étaient dirigés dans l'ombre, à la vérité, mais ceux qui les frappaient étaient accueillis : on s'apercevait déjà que c'était le meilleur moyen d'obtenir des grâces.

Le général Menou, dont la haine pour Kléber rejaillissait sur le général Damas, voyant que, malgré toutes ses tracasseries, cet officier ne songeait pas à quitter sa place de chef d'état-major, et se jugeant assez fort (c'était en fructidor), lui ordonna de cesser ses fonctions : sa lettre n'alléguait aucun motif. Ce général, étonné, répondit qu'il ne voyait pas ce qui pouvait donner lieu à cette mesure et qu'il convenait d'attendre les ordres du gouvernement, à moins qu'il n'existât des motifs suffisans pour le traduire devant un conseil de guerre ; il ne reçut pas de réponse, le général Menou refusa même de lui parler.

Les généraux de division Reynier et Friant, peinés de cette discussion qui tendait à diviser l'armée, allèrent chez le général Menou afin de l'engager à surmonter ses haines personnelles, d'autant moins fondées que le général Damas avait cherché à lui rendre service auprès de Kléber : il s'excusa, en disant s'être aperçu qu'il y avait entre eux incompatibilité d'humeurs, qu'il ne pouvait travailler avec lui; protesta, *sur sa parole d'honneur*, qu'aucune animosité particulière n'influençait sa conduite et termina par offrir sa démission. Cette menace empécha le général Reynier d'insister ; déjà, par délicatesse, il ne lui avait pas représenté que, commandant l'armée *par intérim*, il ne devait pas se permettre un pareil changement, excepté dans les cas de la plus urgente nécessité, avant de connaître les intentions du gouvernement : il se borna à lui demander d'avoir une explication avec le général Damas, pour se concilier avec lui, si cela était encore possible, ou lui donner un emploi convenable. Ce général, pour ne laisser aucun prétexte à des troubles dans l'armée, en occupant la place de chef d'état-major, malgré celui qui la commandait, accepta le commandement des provinces de Benisouef et du Fayoum. L'ordre du jour du 21 fructidor annonça sa retraite, et des éloges y furent donnés à sa conduite. Le général Menou fut plusieurs jours avant de lui désigner un successeur; ensuite il choisit le général Lagrange; mais, en paraissant lui accorder sa confiance, il se réserva également tout le travail, même le plus minutieux : aussi les affaires languirent comme auparavant.

Le général Reynier avait pénétré l'intention du général Menou de se former un parti; il aurait pu le dissoudre en éclairant sur sa marche tortueuse plusieurs personnes, qui, étrangères à toute duplicité, ne le jugeaient que sur le masque dont il s'était couvert : mais les désabuser eût été les éloigner du général Menou, ç'eût été diviser l'armée ; il préféra garder le silence.

Le général Menou trouvant que le parti qu'il voulait se former ne grossissait pas assez promptement ; instruit aussi que, quoique la plus grande discipline régnât dans l'armée, la plupart des officiers et des corps ne l'aimaient pas, voulut se les concilier. Il nomma, le 1er vendémiaire, six généraux de brigade et les officiers nécessaires pour les remplacemens des autres grades ; quelques officiers préférant rester à leurs corps voulurent refuser, mais leurs réclamations furent rejetées ; il les força d'accepter. La plupart de ses choix tombèrent sur des officiers, que des services rendus, ou l'ancienneté de leur grade, appellaient à recevoir de l'avancement; mais on s'aperçut qu'il avait moins l'intention de donner des récompenses militaires, que de paralyser par des bienfaits ceux qu'il redoutait, ou d'élever aux places des hommes dont la loyauté ne pourrait soupçonner sa tortueuse politique : on vit qu'il n'était plus besoin de services militaires, ni d'actions d'éclat pour mériter de l'avancement. Le général Menou se servit de cette prodigalité de grades pour engager des officiers à lui rapporter tout ce qui se disait de lui : il trouva peu d'hommes assez vils pour gagner sa bienveillance à ce prix, presque tous rejetèrent ses avances avec indignation. On ignorait au Kaire cet espionage ; le général Lanusse en fut averti le premier, à Alexandrie, par des officiers qui avaient reçu de pareilles offres du général Menou.

§. VI. *Innovations dans l'administration du pays.*

Jusqu'en fructidor, le général Menou ne s'occupa que des détails de l'administration et de la police des hôpitaux, déjà réorganisés par Kléber après le siége du Kaire, de la fabrication du pain et de la rédaction de ses ordres du jour, qu'il remplissait de déclamations sur la morale, la probité, etc., etc., afin de mieux séparer, sans doute, sa vie antérieure des circonstances où il se trouvait. Mais, en fructidor, il entreprit d'organiser le gouvernement ainsi que les finances de l'Egypte.

Jetons un coup-d'œil rapide sur son administration et sur ses nombreux arrêtés.

D'après un ancien usage, les Mukhtesims,

lorsqu'ils entrent en possession, confirment les cheiks existans ou en nomment d'autres, et les revêtent de béniches et de schalls, cérémonie qui, dans les mœurs de l'Orient, annonce qu'ils demeurent investis de l'autorité : les cheiks reconnaissent ce don par un présent de chevaux, chameaux ou bestiaux, d'une valeur ordinairement double de celle des vêtemens qu'ils ont reçus. Les cheiks de familles riches ou considérées reçoivent des pelisses et des schalls de Cachemire, et sont tenus de faire en échange des présens d'autant plus considérables. Les propriétaires puissans renouvellent cette investiture toutes les fois qu'elle est conforme à leurs intérêts : quelques-uns même l'ont convertie en une prestation en argent, et ce droit, qu'ils perçoivent tous les deux, trois, ou quatre ans, est réparti sur tous les fellahs.

Pour ne négliger aucun des moyens de retirer les impositions d'usage, et se procurer l'argent nécessaire aux dépenses de l'armée, il fallait percevoir ce droit : mais on devait saisir cette circonstance, pour s'assurer de l'attachement des cheiks et les intéresser à la perception des contributions ordinaires. La continuation de l'usage de les revêtir, à de certaines époques, aurait donné, dans la suite, des débouchés aux produits de nos manufactures, et amené les habitans à se glorifier des marques distinctives des fonctions confiées par le gouvernement ; c'était un pas vers la civilisation. Ceux qui avaient étudié, dans les provinces, l'organisation municipale des villages et l'influence des cheiks savaient qu'il était nécessaire de les ménager, pour assurer la tranquillité intérieure du pays et la perception des impôts : ils savaient aussi que les cheiks effrayés ou mécontens abandonnent leurs villages et font déserter, avec eux, ou même révolter les habitans, et qu'alors il devient impossible de percevoir les contributions : mais le général Menou fut séduit par l'espérance d'un produit de trois millions, qu'un faux calcul lui faisait apercevoir. Le payeur général qui, par sa place, ne devait songer qu'à remplir ses caisses, sans entrer dans ces considérations politiques, adopta avec plaisir un projet qui lui promettait une augmentation de rentrées. On n'y vit qu'une opération de finances. L'arrêté fut mis à l'ordre du jour du 5 fructidor ; cependant rien n'en pressait la publication, puisqu'il ne pouvait être exécuté qu'après l'inondation.

Si un pareil droit avait plusieurs inconvéniens généraux, son administration était encore plus dangereuse. Les cheiks furent retirés de l'inspection des commandans de provinces, les seuls qui pussent, d'après les préjugés et les habitudes anciennes du pays, avoir de l'influence sur eux ; ils passèrent sous la police du payeur-général, et plus particulièrement sous celle d'inspecteurs turks et d'un directeur-général, que cette organisation faisait chef municipal de l'Egypte, qui, par sa place, avait le droit de correspondre avec tous les cheiks et pouvait soulever en même-temps le pays, sur tous les points, sans qu'on s'en doutât. Cette place fut donnée à un Cheik du Kaire qui, déjà deux fois, avait trahi la confiance des Français.

Le général Menou nomma, le 12 fructidor, un directeur général et comptable des revenus de l'Egypte : le cit. Esteve, payeur général, se prêta, par devouement au bien public, à son désir de changer le nom et les attributions de sa place; mais il fut constamment contrarié et les projets qu'il forma furent estropiés.

L'ordre du jour du 20 fructidor nomme les directeurs et employés de cette nouvelle administration; ils furent plus nombreux, et eurent des appointemens plus forts que sous Kléber.

Un arrêté sur le commerce maritime fut mis à l'ordre du jour du 12 fructidor. Ce n'était pas par des déclamations qu'on pouvait le ranimer, il aurait fallu de véritables encouragemens.

L'ordre sur la marque des ouvrages d'or et d'argent, qui fut publié le 14 fructidor, était utile pour empêcher les friponneries des orfévres et la fonte des monnaies; mais l'administration de ce droit coûta beaucoup plus qu'il ne pouvait rapporter.

Le général Menou se rappela qu'il y avait un conseil privé dans quelques colonies; et Kléber avait, en partie, imité cette institution, en formant un comité administratif de cinq membres : il adjoignit d'abord plusieurs personnes à ce comité; ensuite il le supprima par son ordre du jour du 15 fructidor. Il lui substitua un conseil privé, composé de tous les chefs de l'armée résidans au Kaire, et de quelques membres à son choix : mais qu'attendre d'une réunion de 40 ou 50 membres ? ce n'est pas une telle assemblée qui travaille. Des discussions sur toutes les branches de l'administration, auraient amené nécessairement la censure des mesures qu'il avait arrêtées, et lors même qu'on y aurait apporté tous les ménagemens possibles, elles auraient toujours excité, dans l'armée, une fermentation dangereuse pour la discipline; c'était enfin y créer un club. L'ordre sur les cheiks avait organisé les moyens de soulever le pays, la formation d'un conseil privé organisa ceux d'insurger l'armée. La plupart des chefs qui devaient composer ce conseil étaient déterminés à le faire dissoudre, en déclarant que les prédécesseurs du général Menou avaient administré l'Egypte sans une pareille institution, et qu'ils y voyaient trop d'inconvéniens. Soit qu'il les eût aperçus lui-même, ou qu'il n'eût publié son ordre que pour avoir l'air, en France, de s'entourer de l'opinion et des conseils de tous les chefs de l'armée, l'ouverture des séances fut retardée de jour en jour, par des réparations qu'on annonçait devoir faire à la salle, puis on n'en parla plus.

On sait que, même en Europe, les innovations en fait d'impôts effraient le commerce: tout nouveau droit rend peu les premières années, parce qu'on est obligé de mettre sa perception en régie, sujette à beaucoup de non-valeurs, puisqu'on ne peut pas l'affermer d'une manière avantageuse avant que son produit soit bien connu. Ces inconvéniens sont bien plus forts dans un pays, où les habitans s'effarouchent de la plus légère atteinte portée à leurs anciens usages. Ces considérations n'arrêtèrent pas le général Menou, qui publia le 16 fructidor un nouveau réglement sur les douanes. Il manifestait l'intention de favoriser le commerce avec la Syrie : mais il l'entrava de droits et de formalités qui rebutèrent les Arabes, conducteurs des caravanes, et les décidèrent à faire la contrebande, que les frontières ouvertes du pays leur rendaient très-facile.

Kléber, afin d'encourager les bâtimens grecs à venir dans les ports d'Egypte, avait accordé des exemptions de droits et même des primes, pour l'importation des articles dont l'armée avait le plus grand besoin. Les droits furent rétablis; et on substitua aux primes des avis imprimés, qui promettaient sûreté et protection à ceux qui viendraient; on les soumit, en même-temps, à une foule de formalités pour la vente de leurs marchandises, pour leur chargement en retour, et même pour obtenir leur permission de départ.

Le commerce avec l'Arabie est fort avantageux à l'Egypte : elle y verse l'excédent des grains de la Haute-Egypte, et en tire, en échange, le café, les gommes, l'encens, des étoffes de l'Inde, etc., qui lui servent à solder les marchandises qu'elle tire de l'Europe. Le port de Kosseir qui, par sa proximité de ceux de l'Arabie, convient le mieux pour ce commerce, se trouvait dans l'apanage de Mourad bey. Afin de forcer le commerce à refluer à Souez, port occupé par les Français, on gréva toutes les marchandises qui sortaient des terres de Mourad bey, d'une douane excessive, sans offrir dans le port où on voulait attirer les Arabes, les articles dont ils ont besoin. Le commerce avec l'Arabie en souffrit, et le peu de bâtimens qui vinrent à Suez, n'y trouvant pas de chargement, vendirent en numéraire.

Le changement des droits de la douane, établie à Siout, sur le commerce avec l'intérieur de l'Afrique, fit une mauvaise impression sur les caravanes, qui déjà se multipliaient, d'après l'accueil que les premières, qui virent les Français, en avaient reçu. Ils affectèrent désagréablement

désagréablement aussi les Mamlouks, par la manière dont ils étaient assis.

Dans son ordre du jour du 20, le général Menou donna une nouvelle organisation et fit des diminutions à un droit qui se percevait, depuis les temps les plus anciens, sur les successions, sous le nom de *Beit-el-mahl.*

Les droits sur les consommations intérieures avaient été supprimés, par l'ordre du 16 fructidor, concernant les douanes; bientôt après, le général Menou les rétablit sous le nom d'octrois : mais l'organisation qu'il leur a donnée valait-elle l'ancienne ? Dans les villes de commerce, les marchandises sont déposées dans de vastes bazards, nommés *Okels.* Les droits sur les consommations et sur les transits étaient affermés, chaque année, à des individus qui les percevaient, à peu de frais et d'une manière fort simple, à la porte de ces okels. L'état de guerre avait empêché de tirer un grand parti de ces fermages, dans les premiers temps de la conquête : mais la confiance s'étant rétablie, la concurrence des négocians en aurait beaucoup haussé le prix. Il y avait aussi quelques droits particuliers sur certaines denrées, sur les consommations dans les petites villes, et sur les marchés dans certains villages. Plusieurs abus, des vexations particulières et des non-valeurs, devaient être supprimés.

Quelques portions de ces revenus étaient affectées, par d'anciennes concessions, à des familles, des établissemens, ou des mosquées. On pouvait améliorer le mode de leur recette et augmenter leur produit sans s'exposer, par un changement total, aux incertitudes d'une innovation.

Ces droits ralentirent la circulation intérieure ; toutes les denrées haussèrent de prix, et les troupes, dont la solde et l'indemnité de rations étaient payées en argent, en souffrirent. Il fallut une nuée d'employés pour les percevoir le premier mois. L'avidité et l'espoir d'être soutenus, comme anciennement, par l'autorité, dans leurs vexations, déterminèrent plusieurs individus à se rendre fermiers : ils promirent de très-hauts prix ; mais, leurs espérances ayant été déçues, ils éprouvèrent des pertes sur la plupart des denrées.

Le divan du Kaire s'était dissous après la convention d'El-Arich, et Kléber n'avait pas jugé convenable de le rétablir, avant l'entier paiement des dix millions auxquels cette ville avait été imposée. Mais, après cette époque, ce corps devenait utile, pour donner aux habitans une influence apparente dans le gouvernement, et les habituer aux affaires. L'idée d'en former, en même-temps, un espèce de tribunal d'appel était bonne. La justice n'était pas rendue ou l'était mal, par des juges sans considération et sans autorité, guidés plutôt par leur intérêt personnel que par des lois invariables. Presque toujours les coupables échappaient aux recherches ; les liaisons et les haines de familles ou de villages balançaient l'autorité ; il n'existait aucune organisation municipale ni judiciaire.

Il y aurait eu un travail bien intéressant à faire, pour préparer l'Égypte à un bon gouvernement : les progrès de la civilisation en dépendaient. On ne pouvait y conduire que par dégrés un peuple ignorant, attaché servilement à ses anciens usages ; il fallait beaucoup de ménagemens pour les opinions religieuses, afin d'amener des hommes divisés de cultes à obéir aux mêmes lois. Le général Menou avait nommé, le 4 fructidor, une commission pour faire des recherches sur l'ancienne administration de la justice, et lui présenter un projet ; mais toujours pressé de faire paraître une loi, il n'attendit pas que le travail qu'elle préparait fût achevé, et publia l'ordre du jour du 10 vendémiaire.

Bonaparte avait composé le divan d'hommes de toutes les religions, afin d'effacer la distinction des cultes. Le général Menou n'y admit, par ce nouvel arrêté, que des musulmans : les chefs des autres religions, dont il se réservait le choix, n'eurent que le droit de séance avec voix consultative. Il accorda aux seuls

Musulmans des tribunaux investis du pouvoir de les juger, non-seulement entr'eux, mais aussi dans leurs différens avec les chrétiens. Il laissait bien à ces derniers la faculté de terminer leurs procès par arbitrage ; mais, dans certains cas, ils retombaient sous la police des kadis musulmans. Les ordres que Bonaparte avait donnés pour empêcher la corruption des juges, furent renouvellés. Le général Menou défendit aussi le *Dieh* ou rachat du sang, institution odieuse aux yeux de la raison, mais consacrée par l'usage, et que Mahomet lui-même a confirmée par le Koran : rien de plus contraire aux lois des peuples civilisés, mais était-ce le temps de la détruire ? Il est des erreurs enracinées par le temps, auxquelles il faut savoir sacrifier, lorsque le peuple n'est pas assez éclairé pour en sentir la fausseté.

Les assassinats sont très-fréquens en Egypte et multiplient les guerres entre les villages et les familles (1). Les coupables, presque toujours

---

(1) Je recevais fréquemment des plaintes relatives à des assassinats. Un jour un fellah vint chez moi et déroula, des plis de son vêtement, la tête de son frère encore toute sanglante. Les parens des morts, qui m'apportaient des lambeaux de leurs habits teints de sang, demandaient vengeance contre telle famille ou tel village : rarement ils désignaient l'individu coupable. Leurs guerres recommençaient aussitôt que la force militaire était trop éloignée

inconnus, trouvent facilement un asyle ou les moyens de s'échapper. Ces querelles suspendent souvent la culture des terres, les travaux d'irrigation et le paiement des impôts. Pour les terminer, les chefs militaires forçaient jadis les différens partis à se réunir devant le kadi et à faire leur paix; on y comptait les hommes morts de chaque côté, ceux qui en avaient le plus

---

pour leur en imposer. Lors de la victoire que Bonaparte remporta sur les Turks à Aboukir, la province de Charkieh avait été laissée sans troupes; quand j'y retournai, les villages de *Ihich* et de *Maadieh* avaient renouvelé une ancienne querelle; leurs alliés s'étaient rassemblés; tous les Arabes avaient pris parti; 5 ou 6000 hommes formaient l'armée de chaque village, et depuis dix jours qu'elles étaient en présence, sept à huit hommes de part et d'autre avaient été tués. J'arrivai avec un bataillon : aussitôt ces attroupemens se dissipèrent. Je fis venir les cheiks de chaque village, et je leur prouvai, par le calcul des hommes morts dans chaque parti, depuis plusieurs années, que cette guerre n'avait plus de motif, puisqu'il y avait égalité de nombre : ils s'embrassèrent devant moi, en récitant la formule de paix. Mais comme, dans leur opinion, elle n'avait pas été consolidée par le paiement d'une amende, ils recommencèrent à s'entr'égorger pendant l'inondation de l'année suivante.

Les cheiks du village de Beisous, appelés pour une querelle qui s'était renouvelée par le non paiement du rachat du sang, me dirent que peu accoutumés à ce genre d'affaires, ils avaient été consulter les cheiks de Seriakous, qui avaient l'habitude de payer 400 pataques, (environ 1200 livres) par chaque assassinat.

recevaient une indemnité en argent, le gouvernement s'allouait une forte amende et ces ennemis reconciliés vivaient en paix. Ces amendes rapportaient annuellement, aux différens beys, au moins 500,000 livres. On conçoit que des hommes avides, et peu délicats sur les moyens d'acquérir de la fortune, cherchaient plutôt à exciter ces querelles qu'à les prévenir : quelquefois chaque parti était protégé par un bey; alors les arrangemens devenaient plus difficiles, mais tous deux n'en finissaient pas moins par fournir de l'argent à leurs protecteurs.

Les assassins étaient difficilement arrêtés; leur supplice même ne terminait pas les querelles, c'était un mort de plus à mettre en compte : les familles offensées préféraient recevoir le prix du sang qui amenait la paix.

Un usage aussi ancien, et qui influait sur la tranquillité du pays, n'était pas de nature à être déraciné par un simple ordre du jour : il fallait, d'abord, se procurer les moyens d'arrêter les coupables, organiser l'autorité dans les villages et détruire les asyles qu'offraient l'hospitalité : mais ceux qui n'avaient jamais habité que le Kaire et les autres grandes villes soumises à une police sévère, ignoraient que toutes les institutions nécessaires pour en établir une dans les campagnes manquaient à l'Egypte.

L'ordre du 16 vendémiaire gréva le commerce

d'une augmentation de charges, qui n'entrait pas dans le trésor. Auparavant les jurés peseurs, mesureurs et sérafs percevaient un droit fixé par l'usage, d'après la nature des marchandises : en les astreignant à payer des patentes, le général Menou porta leurs droits à 2 et 3 pour cent de la valeur. En un seul jour, un peseur aurait pu faire sa fortune, s'il avait eu à livrer des objets de prix : les réclamations du commerce se multiplièrent à l'infini. Il avait aussi étendu cet ordre aux denrées que le gouvernement recevait pour impositions : c'était plus d'un dixième que l'on aurait perdu gratuitement, s'il n'avait pas modifié cet article après de nombreuses représentations.

Il était naturel de faire payer par l'armée les droits établis sur le commerce ; il y aurait eu beaucoup d'inconvéniens à l'en exempter. Mais l'ordre du 19 vendémiaire étendit aux successions des Français l'impôt appelé beit-el-mahl ; cette extention était contraire aux lois de la République. Ce droit fut affermé à des habitans du pays ; et, pour en augmenter le produit à leurs yeux, on leur fit envisager, d'une manière indécente, ce qu'ils auraient à prélever sur la fortune des généraux et autres officiers qui viendraient à mourir .... Cet ordre révolta généralement.

Le commerce écrasé déjà par une foule de droits et de formalités, acheva de l'être par l'ordre du 20 vendémiaire, qui établissait de nouveaux droits sur les corporations : il était motivé sur ce que le commerce doit payer la protection qu'il reçoit du gouvernement. A peine les marchands du Kaire et de Boulak, dont les magasins avaient été pillés ou confisqués lors de la prise de cette dernière ville, qui avaient ensuite payé au-delà de la moitié des douze millions de charges de guerre, commençaient-ils à respirer et ranimaient-ils leurs affaires, qu'ils furent grévés d'une foule de droits. Ceux de Damiette, de Mehalleh el kebir, de Tanta, etc., qui avaient également été imposés, eurent le même sort. L'espoir de vendre leurs marchandises plus cher aux individus de l'armée, presque seuls consommateurs à cette époque, leur avait fait surmonter ces difficultés ; mais l'ordre du 20 vendémiaire acheva de les accabler : la plupart abandonnèrent leur commerce, quelques-uns tournèrent leurs spéculations sur les fermages des nouveaux droits ; d'autres, comme chefs de corporation et chargés en cette qualité des répartitions, en s'exemptant eux-mêmes et faisant payer les pauvres, conservèrent seuls un peu d'aisance.

Il fallait certainement, pour fournir aux dépenses de l'armée, établir des impositions régulières sur les villes ; mais elles devaient être réparties sur les riches, sur leurs propriétés, enfin sur le luxe. On pouvait conserver quelques droits anciens sur les corps de métiers, qui, presque tous concentrés en Egypte dans les mêmes quartiers, donnaient de grandes facilités pour la perception. On pouvait aussi, par un droit modéré de patente, établir une surveillance qui aurait pu devenir la source de quelques améliorations. Mais il aurait fallu d'avance étudier les anciennes impositions, examiner mûrement celles qu'il convenait d'établir, et on prit à peine les renseignemens nécessaires sur les lieux où il existait des corporations.

Pour civiliser l'Egypte et y établir un bon système d'administration, on devait principalement s'attacher à détruire l'influence politique des opinions religieuses. L'arrêté qui fait suite à celui sur les corporations, créa des impôts particuliers sur chaque corps de nation, désigné par son culte. On y voit même figurer les Coptes comme tribu étrangère. Sans doute il convenait de faire peser les impositions sur les riches capitalistes coptes qui, chargés de la perception des impôts, vexent le peuple et enfouissent leurs richesses plutôt que de les mettre en circulation : ils pouvaient payer, chaque année, le million auquel ils étaient taxés ; mais on aurait dû les atteindre d'une autre manière. Si l'on voulait conserver quelque trace de ces distinctions religieuses, on pouvait modifier la capitation qui pèse sur les chrétiens, dans tout l'empire turc, en accordant des exemptions à ceux d'entre eux qui se dévoueraient au service militaire, et les engager ainsi à former une milice pour la défense du pays.

Les négocians syriens avaient perdu une partie de leurs marchandises à Boulak; ils avaient déjà beaucoup payé aux Osmanlis pendant le siége. Kléber avait promis de les indemniser; le général Menou les frappa, peu après avoir pris le commandement, d'une avanie de 500,000 f., dont une partie seulement put être perçue. Il fixa ensuite leur capitation à 150,000 fr., à une époque où presque tout leur commerce était suspendu.

Aucune nation ne devait être autant protégée et encouragée que les Grecs : ils pouvaient seuls, pendant la guerre, faire un peu de commerce maritime, et ils commençaient à s'y livrer. Quelques encouragemens qu'on leur aurait donnés, auraient eu de grands résultats pour l'armée. On pouvait ouvrir, par leur moyen, des relations politiques fort intéressantes avec l'Archipel. Militaires par goût, par esprit national, ils pouvaient fournir des recrues pour la légion grecque. Il est à remarquer que, hormis ceux qui portaient les armes, il n'y en avait qu'un très-petit nombre d'établis en Egypte : on pouvait donc se dispenser de les vexer pour une modique somme de 50,000 fr., qu'on eût retrouvée, et au-delà, si les droits sur les corporations avaient été répartis sans distinction de cultes.

Les Juifs, qui sont presque tous artisans, courtiers ou séraphs, auraient aussi été bien plus également imposés sans cette condition.

La plupart des négocians Francs avaient été pillés ou ruinés pendant le siége du Kaire. Plusieurs pères de famille, qui avaient été massacrés, laissaient leurs enfans sans ressources. Cette classe de négocians, autrefois privilégiés et accoutumés aux vastes spéculations du commerce de l'Orient, devait s'attendre à une protection spéciale. . . . . : ils furent imposés à 40,000 francs.

Enfin cet ordre du jour, qui ne parlait que d'encouragemens à donner au commerce, contenait en effet toutes les mesures les plus propres à le détruire. Au lieu d'exciter les Français venus à la suite de l'armée à former des établissemens, où elle se serait procurée bien des articles qui manquaient, il était terminé par l'annonçe que, sous peu, on fixerait les droits qu'ils auraient à supporter. Cet avis produisit l'effet qu'on devait en attendre : beaucoup de Français, qui avaient des projets d'établissemens d'une utilité réelle, se hâtèrent d'y renoncer.

§ VII. *Des Finances.*

A l'époque où Kléber fut assassiné, une partie de la contribution en argent imposée sur les habitans du Kaire et toute celle en marchandises n'étaient pas encore payées : on les perçut pendant le trimestre de messidor, ainsi qu'une partie des contributions territoriales ordinaires. La solde fut mise au courant, et la majeure partie des dettes fut acquittée. On assigna des fonds pour les fortifications, et les ingénieurs des ponts et chaussées en reçurent plus qu'il n'était nécessaire, pour continuer les démolitions que la défense du Kaire exigeait, et pour quelques embellissemens. Des gratifications, une augmentation de l'indemnité de rations, diverses dépenses inutiles, et la multitude d'employés français et turcs, suite d'une administration trop compliquée, portèrent successivement les dépenses de l'armée à 17 ou 1800,000 fr. par mois; cependant tous les changemens avaient eu pour prétexte de substituer des économies à l'administration de Kléber, qui couvrait toutes les dépenses avec 13 ou 1400,000 francs.

Des ordres du jour annonçaient de fortes rentrées, produits des nouvelles impositions : le général Menou y répétait sans cesse l'engagement de tenir la solde au courant, et en vendémiaire presque tout était dépensé. Les droits ne rapportaient pas encore beaucoup, les impositions territoriales ne pouvaient être perçues qu'après l'inondation ; enfin on manquat d'argent. On s'adressa aux Coptes et on leur ordonna de payer un emprunt forcé, que, d'abord, on leur promit d'hypothéquer sur les contributions arriérées ; cette aliénation eut produit davantage si elle avait été effectuée. Ce premier argent dépensé on eut de nouveaux besoins, on fit un nouvel emprunt aux Coptes. Nul doute qu'il ne convînt de leur faire regorger leurs brigandages ; mais le général Kléber les regardait comme une réserve pour les momens critiques, et en effet il en tira, pendant le siége du Kaire, tous les fonds dont il eut besoin.

Les rapports du cit. Estève et des personnes qui ont été chargées de la direction des différentes branches de l'administration, feront connaître, avec précision, les revenus que l'armée pouvait tirer de l'Egypte pendant l'état de guerre, et les augmentations que la paix et le rétablissement du commerce auraient occasionnés. J'en donnerai seulement ici une estimation approximative, d'après tous les renseignemens que je me suis procurés.

L'impôt territorial, depuis que Mourad-bey occupait le Saïd, ne pouvait pas s'élever à plus de douze millions, en y comprenant l'impôt impolitique sur les cheiks, qu'on fut ensuite forcé de leur présenter comme un à-compte sur les droits ordinaires . . . 12,000,000 fr.

Les différentes impositions indirectes furent affermées environ trois millions; mais les fermiers éprouvant des pertes, on aurait dû leur accorder dans la suite une réduction, à moins que le commerce ne se fût ranimé 3,000,000

Les droits sur les corporations et corps de nations étaient fixés, par l'ordre du jour, à deux millions, et auraient dû être réduits; cependant, au moyen de nombreuses vexations, on pouvait le percevoir 2,000,000

La monnaie du Kaire, et les droits de marque sur les ouvrages d'or et d'argent produisaient au plus 500,000

Les douanes pouvaient produire en temps de guerre, si le commerce avec l'Arabie et avec les Grecs était encouragé . . . 1,000,000

(La paix aurait augmenté ce

TOTAL. . . . 18,500,000 fr.

De l'autre part. . . .	18,500,000 fr.
revenu de plusieurs millions).	
Les Oussiehs et domaines nationaux	1,500,000
Le miri des propriétaires et le tribut de Mourad-bey . . .	1,000,000
TOTAL. . . .	21,000,000 fr.

Les revenus en nature suffisaient aux besoins de l'armée et alimentaient les magasins de réserve.

La somme totale des revenus de l'Egypte pouvait donc s'élever à environ 21,000,000 fr. par an, ou 1,750,000 francs par mois. Mais leur perception dépendait de la tranquillité intérieure, que différentes causes pouvaient troubler: une attaque et même l'attitude menaçante d'une armée ennemie, forçant à réunir les troupes, la suspendaient entièrement; car, dans tout l'Orient, ils faut l'appareil militaire pour exiger l'impôt. Il était donc essentiel de mettre la plus grande économie dans les dépenses, afin que, si la source des revenus venait à tarir momentanément, on eût toujours un fonds de réserve disponible pour subvenir aux besoins de l'armée. Toutes ces considérations ne purent arrêter le général Menou dans le cours de ses innovations, ni empêcher l'augmentation des dépenses. Il se persuadait toujours que rien ne pourrait, au-dedans comme au-dehors, troubler la tranquillité du pays. On doit cependant lui rendre cette justice, qu'en dissipant les ressources de l'armée, il a toujours montré du désintéressement personnel.

§ VI. *Administration de l'armée. Magasins extraordinaires.*

Tandis que le général Menou affectait de s'occuper exclusivement des besoins et de la subsistance du soldat, et qu'il entrait dans les détails les plus minutieux, il négligeait la formation des grands approvisionnemens. Il fit cesser, comme trop dispendieuse, la fabrication du biscuit ; il était cependant indispensable en Egypte, attendu le petit nombre de fours, restreints aux seuls établissemens des Français, et afin d'en mettre en réserve, à Alexandrie, une quantité suffisante, pour fournir, soit à l'armée si elle devait s'y porter en masse, soit aux vaisseaux qui apporteraient des secours. Persuadé que l'Egypte était à l'abri de toute attaque étrangère, il négligea, par économie, les magasins de siége ; l'ordonnateur en chef Daure lui fit inutilement des représentations pour obtenir les moyens de former, dans toutes les places, des approvisionnemens considérables. Kléber les avait ordonnés ; mais il périt avant l'époque l'époque où ils devaient être effectués. Il voulait qu'il y eût à Alexandrie des vivres pour toute l'armée, pendant un an ; le général Menou permit seulement d'en réunir la quantité nécessaire pour nourrir deux mois l'armée, et un an la garnison.

Lorsque le général Menou connut la création des inspecteurs aux revues, il annonça à Daure qu'il voulait organiser les inspecteurs et les commissaires des guerres conformément à l'arrêté des Consuls : il lui vanta l'importance des fonctions d'*inspecteur en chef*, et, après quelques flagorneries, lui offrit cette place, en lui proposant de céder celle d'ordonnateur en chef à un autre, qu'il mettrait au fait des affaires. Daure ne soupçonnant pas la duplicité de cette offre, accepta, et quelques jours après parut l'ordre du 30 vendémiaire, où il se vit, avec surprise, porté comme simple *inspecteur aux revues*. Il réclama du général Menou l'exécution de sa promesse, ou la conservation de la place qu'il occupait : il lui représenta qu'il ne pouvait la quitter, pour une place égale ou inférieure, sans donner lieu à des soupçons sur la pureté de sa conduite ; et que, si l'on pouvait former quelqu'accusation contre lui, pour la manière dont il avait géré, on devait le faire passer à un conseil de guerre. Cet administrateur jouissait d'une estime méritée sous tous les rapports, et que Bonaparte et Kléber lui avaient accordée; on fut généralement indigné de cette injustice. Le général Menou fut sourd à la voix publique et aux représentations particulières : il s'excusa sur l'augmentation de dépenses qu'entraîneraient les appointemens de la place d'inspecteur en chef, mais ce motif ne l'avait pas retenu pour d'autres nominations. L'opiniâtreté qu'il y mit fit voir clairement que son seul but était d'éloigner Daure. Sur les représentations qui lui furent faites par plusieurs généraux, il assura n'avoir point donné sa parole, ensuite il promit de la tenir. Daure fatigué de cette lutte, voyant qu'il ne pourrait faire le bien, en conservant la place d'ordonnateur malgré le chef de l'armée, espérant aussi éviter ses tracasseries journalières, finit par accepter celle d'inspecteur en chef. Le général Menou ne songea plus dès-lors à organiser ce corps, qu'auparavant il affectait de trouver si nécessaire.

§ VII. *Murmures de l'Armée contre le général Menou. Les généraux de division lui font des représentations. Sa confirmation.*

Les innovations du général Menou, sa conduite envers plusieurs personnes, ses déclamations triviales, les leçons de morale et de probité si souvent répétées dans ses nombreux ordres du jour, et qu'il semblait adresser à une armée démoralisée et sans honneur, excitaient un murmure presque général.

Les habitans, effrayés de tant d'innovations, se plaignaient *de ce qu'un général musulman* (1), *dont ils auraient dû beaucoup espérer, les forçait à regretter un général chrétien.* Ils étaient habitués, sous le gouvernement des Turks et des Mamlouks, à souffrir tous leurs caprices ; ils auraient supporté de même ceux du général Menou, si les deux généraux qui l'avaient précédé ne leur avaient pas fait connaître la douceur des lois européennes : aussi trouvaient-ils une énorme différence entre eux et lui ; ils ne croyaient pas qu'un tel homme pût commander long-temps une armée française.

La conduite du général Menou ouvrait un champ vaste aux réflexions, et les questions suivantes se présentaient naturellement aux individus de l'armée, même les moins observateurs.

Quel but peut avoir un général qui, n'exerçant sa place que *par intérim*, bouleverse toute l'administration du pays pour y substituer des innovations, évidemment contraires aux

(1) Ces plaintes ont été faites dans ces termes, par des principaux habitans du pays, et notamment par El-Mohdi, l'un des premiers cheiks du Kaire.

intérêts de l'armée, contraires aux vrais principes de l'administration du pays, aux usages invétérés des habitans et aux moyens de civilisation? pourquoi débuter par des expériences, d'un succès incertain, à une époque où les besoins de l'armée exigent des ressources promptes et assurées?

Pourquoi, dans toutes les occasions, proclamer l'Egypte colonie, avant d'en avoir reçu l'ordre du Gouvernement? pourquoi contredire ce que Bonaparte et Kléber avaient toujours dit aux Turks, que l'Egypte serait gardée en dépôt jusqu'à la paix? n'est-il pas démontré qu'il force lui-même la Porte à redoubler d'efforts, et à réclamer les secours de toutes les puissances?

La responsabilité personnelle du chef, qu'il met en avant, n'est-elle pas illusoire; la sûreté de l'armée ne peut-elle pas être compromise sous ce prétexte? Un homme, novateur par caractère, destructeur par système de tout ce qu'ont fait ses prédécesseurs, cherchant à éloigner les généraux et les administrateurs instruits, n'expose-t-il pas l'armée à des revers inévitables? Ne l'expose-t-il pas même à perdre une conquête précieuse, acquise au prix de son sang et de ses travaux...: et alors, à quoi servira cette responsabilité?

Quels malheurs ne peut-on pas prévoir pour l'armée, si elle vient à être attaquée sous les ordres d'un chef sans habitude de la guerre, qui anéantit ses ressources, refuse de former des magasins, divise les généraux, les abreuve de dégoûts et excite contre eux les soupçons des troupes ?

Tout ce qu'il a fait ne présage-t-il pas ce qu'il peut faire encore ? les murmures ne doivent-ils pas faire craindre des troubles ? la discipline une fois violée, la sûreté de l'armée, la conservation du pays même ne seront-elles pas évidemment compromises ? y a-t-il des moyens de prévenir ces désastres ?

De quelle manière, vu la presqu'impossibilité de correspondre avec la France, détourner tous les maux que peut attirer, sur l'armée, un homme devenu son chef par les circonstances et l'ancienneté seulement ?

Beaucoup de personnes jugeaient le général Menou incapable de commander l'armée et croyaient qu'il fallait engager le général Reynier à en prendre le commandement. D'autres proposaient de lui faire son procès. D'autres, plus modérés, pensaient que les généraux devaient seulement se réunir pour lui faire des représentations.

Les généraux de division qui se trouvaient au Kaire sentirent la justesse de ces réflexions. Ils pensèrent que placés par leur grade sur la seconde ligne de l'autorité, ils devaient prévenir les malheurs que la conduite du général

Menou, ou l'insurrection des troupes contre lui, pourraient occasionner ; qu'éloignés du gouvernement, n'ayant que des moyens lents, incertains et difficiles de l'instruire de la vérité, ils devaient veiller au salut de l'armée ; et, de tous les moyens proposés, ils choisirent le dernier qui leur parut avoir le moins d'inconvéniens.

La position du général Reynier devenait fort délicate : en engageant le général Menou à prendre le commandement de l'armée, il lui avait promis de l'aider de ses moyens et de ses conseils ; ensuite il se trouva en but à ses intrigues et les méprisa. Il craignait l'influence que des partis pourraient avoir sur les destinées de l'armée, et, quoiqu'il évitât de les exciter, la foule des mécontens avait les yeux fixés sur lui. Il sentait qu'un autre chef devenait nécessaire à l'armée ; mais il était fort difficile de succéder au général Menou. Le bouleversement de toute l'administration du pays, les dissentions qu'il avait fomentées, les économies de Kléber dissipées tandis que les dépenses avaient augmenté, les promesses qu'il multipliait chaque jour de tenir la solde au courant difficiles à réaliser, enfin les espérances qu'il cherchait à inspirer de son administration ; toutes ces causes réunies devaient avoir des résultats qui ne pouvaient encore être aperçus, mais dont les effets désastreux auraient été attribués à son successeur. A ces considérations, se joignait la probabilité de sa confirmation, le danger d'un tel exemple pour la discipline, etc. Ces réflexions déterminèrent le général Reynier à éviter de prendre part à toute résolution qui tendrait à le porter au commandement. Il les communiqua aux autres généraux de division, et convint avec eux d'empêcher le général Menou, par leurs conseils, d'achever de diviser l'armée et de désorganiser l'administration du pays.

Ils se disposaient à se rendre chez lui, dans cette intention, le 4 brumaire, lorsqu'on annonça l'arrivée d'un officier dépêché de Toulon. Ils retardèrent leur démarche, pour savoir s'il apportait la décision du gouvernement sur le commandement de l'armée; mais les dépêches étaient encore adressées à Kléber. En annonçant ces nouvelles de France à l'ordre du jour du 6 brumaire, le général Menou proclama qu'il existait des dissentions dans l'armée; ce n'étoit pas, sans doute, le moyen de les appaiser. Cela détermina plus fortement encore les généraux de division Reynier, Damas, Lanusse, Belliard et Verdier, à la démarche qu'ils se proposaient de faire; et, le même jour, ils se rendirent chez lui. Le général Menou fut fort troublé de cette visite. Ces généraux lui dirent, qu'ayant constamment vécu aux armées, ils y avaient vu régner l'union et la bonne intelligence, parce que les intrigues y étaient inconnues; que l'armée d'Orient avait joui de la plus grande tranquillité sous Bonaparte et sous Kléber; qu'ils voyaient avec peine des germes de divisions s'élever, et qu'en recherchant leur cause, ils la trouvaient dans sa conduite depuis qu'il avait pris le commandement; que le meilleur moyen de rétablir l'harmonie serait de revenir sur quelques mesures contraires à l'intérêt général, de se régler, à l'avenir, sur les lois de la République et sur les principes de la hiérarchie militaire, et sur-tout de mettre fin à toutes les intrigues. Ils s'appesantirent sur les inconvéniens des innovations en général, sur ceux d'une partie de ses arrêtés, tels que l'organisation du droit des cheiks et de celui sur les successions. Ils lui firent sentir qu'il ne pouvait, en aucun cas, se mettre au-dessus des lois françaises; que, s'il représentait le gouvernement, par rapport à l'administration de l'Égypte, il n'était, pour l'armée, que général en chef, et qu'il avait, en cette qualité, une assez grande latitude pour faire le bien; que si l'Égypte était déclarée colonie, le gouvernement déterminerait son administration, et que ce devait être un motif pour lui de ne pas se hâter de tout innover. Ils ajoutèrent qu'il était imprudent de proclamer publiquement l'Égypte colonie, avant que le gouvernement se fût prononcé. Ils lui citèrent la politique de Bonaparte et de Kléber sur cet objet, et cherchèrent à lui faire sentir quelle inquiétude inspirerait aux Turks cette dénomination. Ils l'invitèrent à suivre, dans sa conduite, l'exemple des généraux ses prédécesseurs, qui avaient toujours été réservés sur les innovations, afin de ne pas effrayer les habitans par des changemens trop précipités; à rédiger ses ordres du jour dans des termes plus convenables; et à supprimer ses déclamations sur la moralité et la probité, qui tendaient à persuader que l'armée n'était qu'un amas de brigands, que Bonaparte et Kléber n'avaient pas su discipliner. Il lui demandèrent aussi de ne pas correspondre directement avec les officiers subalternes, ce qui était contraire à la hiérarchie militaire. Ils l'invitèrent à ne faire, à l'avenir, que les nominations accordées aux généraux en chef, sur le champ de bataille, et pour les remplacemens nécessaires. Les généraux de division lui observèrent encore que, pour le bien du service, et pour ne pas réfroidir le zèle des individus chargés de fonctions publiques, il devait s'astreindre à la règle de ne destituer personne d'un emploi confié par le gouvernement, sans le faire juger par un conseil de guerre.

On lui parla de la souscription pour un monument à élever à Kléber, ainsi que de l'étonnement qu'avait dû produire son refus d'y souscrire, et même de l'annoncer à l'ordre du jour, en même-temps que celle pour Desaix. Il donna d'abord *sa parole d'honneur* qu'on ne lui en avait jamais parlé ; mais on lui nomma des témoins de son refus, et il promit d'en ordonner l'insertion. Il convint du renchérissement des denrées, occasionné par ses nouveaux droits d'octroi, et promit de mettre les troupes en état de se procurer des vivres avec leur indemnité. On évita de parler d'objets personnels. La discussion s'anima un peu sur quelques articles. Le général Menou, embarrassé, ne fit que des réponses vagues : il finit par demander un jour de réflexion, annonçant une réponse par écrit. Il ne l'envoya pas, mais le lendemain il dit, à l'un des généraux, qu'il avait trouvé leurs représentations fondées ; qu'il désirait cependant ne revenir que successivement sur ses mesures, pour ne pas montrer trop d'instabilité. Le 10, il y eut une nouvelle entrevue avant la cérémonie funèbre pour Desaix. Il convint encore de la nécessité des changemens demandés, et dit qu'il avait déjà donné au payeur l'ordre de ne pas percevoir dans l'armée les droits sur les successions, ajoutant qu'il en ferait insérer l'annonce à l'ordre du jour : il promit de nouveau de se conformer en tout aux demandes qui lui avaient été faites.

Les troupes furent réunies le 10 brumaire, pour rendre un hommage funèbre à Desaix : la cérémonie fut silencieuse. Cette perte était vivement sentie ; mais il aurait fallu un chef militaire pour offrir dignement, à l'un de nos plus estimables guerriers, l'expression des regrets de cette brave armée. . . . , Le lieu renouvelait le sentiment de la double perte qu'elle avait faite le même jour. C'était à la vue d'Héliopolis, de ce champ de bataille où Kléber avait reconquis l'Egypte, qu'était placé le cénotaphe ; il eût été naturel de jeter aussi quelques fleurs sur sa tombe...... mais la haine du général Menou avait commandé le silence. Les généraux se tûrent, pour ne pas aigrir les esprits, déjà très exaspérés.

Vers cette époque, le général Menou fit proposer aux généraux Damas, Lanusse et Verdier leurs passeports pour la France. Mais zélés pour la conservation de l'Égypte, voyant l'armée en de débiles mains, ils espéraient lui être encore utiles, et refusèrent.

Le général Menou n'avait rien adressé au gouvernement, depuis le départ de l'Osiris qui avait porté la nouvelle de la mort de Kléber; mais enfin la crainte qu'il ne fût instruit du mécontentement de l'armée, et le besoin d'en prévenir l'effet le déterminèrent à écrire. Il fit tout ce qui était en son pouvoir pour se concilier les porteurs de ses dépêches ; mais pour mieux se prémunir contre les rapports que pourraient faire au gouvernement ceux qui obtinrent la permission de partir, il ne négligea pas d'envoyer des notes particulières contre eux et d'annoncer que c'étaient des personnes *au moins inutiles, pour ne pas dire plus.*

Il annonça qu'il avait beaucoup de peine à faire le bien et à lutter contre le prétendu parti anti-coloniste. Il multiplia à l'infini les obstacles qu'il disait éprouver à mettre de l'ordre dans l'administration et les finances ; écrivit qu'il se faisait des ennemis parce qu'il attaquait les intérêts particuliers ; et tâcha, de cette manière, de prévenir en faveur de sa personne et de son administration, en ajoutant de grandes déclamations sur son dévouement à la chose publique et sur sa résolution de défendre l'Egypte.

Le rapport du général Kléber sur la campagne d'Héliopolis, continué après sa mort par le général Damas, fut envoyé ; mais le général Menou y supprima presque tout ce qui était relatif à l'état de l'armée lors de la mort de ce général, et notamment à la formation des corps de troupes auxiliaires : il avança ensuite que sa situation brillante n'était due qu'aux soins qu'il avait pris de l'administration, et que les habitans bénissaient sa justice et ses innovations. Enfin il trompa le gouvernement, par de faux aperçus des ressources du pays et des dépenses qu'elles devaient couvrir. Il le trompa encore en lui parlant de fortifications, de travaux, d'encouragemens donnés aux sciences, de voyages et de recherches scientifiques dont il n'était nullement question en

Egypte (1). Les généraux de division, voulant attendre l'effet de leurs représentations, n'écrivirent pas au gouvernement par le premier bâtiment.

Un officier arriva, de France, le 12; des lettres particulières annoncèrent au général Menou qu'il était confirmé. L'officier porteur des dépêches donnait la nouvelle de la prise de Malte et de la paix avec les puissances barbaresques.

---

(1) Les officiers qui arrivèrent de France furent très-surpris de ne pas trouver les canaux navigables toute l'année, ainsi que les routes et les forts dont ils avaient vu l'énumération dans sa correspondance imprimée; ils s'informaient du succès des voyages qu'il avait également annoncés. Loin d'encourager les sciences, le général Menou a contrarié les recherches des membres de l'institut et de la commission des arts; il affectait toujours d'en parler avec intérêt, mais il ne se déterminait à rien. Plusieurs savans et artistes l'ont persécuté pour obtenir l'agrément de parcourir la Haute-Egypte; ils se désolaient de perdre leur tems au Kaire, tandis que la tranquillité dont on était assuré, au moins pendant l'inondation, donnait les moyens de disposer des escortes nécessaires pour beaucoup de reconnaissances intéressantes. Il n'y eut que deux voyages qu'on parvint à lui faire approuver lorsqu'ils furent déterminés; celui des citoyens Coutelle et Rosière au mont *Sinaï*, et celui du chef de bataillon Berthe, au *Gebel Doukhan*. On s'occupait de projets de voyages aux Oasis lorsque la campagne commença.

Les fouilles aux pyramides ne furent ordonnées par le général Menou, que d'après les recherches que le général

Le même jour, les généraux eurent un nouvel entretien avec le général Menou, qui promit encore de s'occuper des changemens qu'on lui demandait, mais en témoignant toujours le désir de ne les faire que successivement : il observa que déjà il avait suspendu l'arrêté sur les successions, qu'il avait mis à l'ordre du jour un surcroît d'indemnité pour les rations de viande des troupes, ainsi qu'une augmentation de solde pour les lieutenans et sous-lieutenans, et qu'il préparait des changemens à certains droits qui froissaient le commerce sans profit pour le fisc. Cette augmentation de solde et d'indemnité de rations grévait le trésor de l'armée d'une dépense de 600,000 francs par an : il aurait été possible d'assurer le bien-être des soldats d'une manière moins onéreuse.

Reynier y avait faites, avec quelques membres de l'institut, et qu'il se proposait de continuer.

Si, pendant ce temps, les recherches générales furent contrariées, les membres de l'institut et de la commission des arts ne travaillèrent pas avec moins de zèle et de persévérance à acquérir individuellement des connaissances sur tout ce qui était remarquable ; et n'obtenant pas les moyens de voyager, ils rédigèrent, dans leur cabinet, les observations qu'ils avaient faites sous Bonaparte et Kléber.

SECONDE PARTIE.

Depuis le mois de Brumaire jusqu'au mois de Ventôse an 9.

§. I. *De l'Esprit de l'armée jusqu'à l'arrivée de la flotte Anglaise.*

Un officier, qui arriva au Kaire, le 15 brumaire, apporta au général Menou son brevet de général en chef. Voyant, après les cérémonies funèbres qui avaient eu lieu à Paris, qu'il ne pouvait plus se dispenser de rendre à Kléber quelques honneurs publics, il mit enfin à l'ordre la souscription et le concours pour un monument à sa mémoire, mais il s'opposa secrétement à son exécution.

La démarche des généraux avait en partie rempli son objet : le général Menou était devenu plus réservé dans ses innovations ; quelques-unes de ses mesures avaient été modifiées, et il avait promis de revenir graduellement sur les autres.

Lorsque sa confirmation fut arrivée, et qu'en temporisant il eut laissé aux esprits le temps de se calmer, il se crut assez fort, et tenta de noircir les généraux, par des bruits qui circulèrent sourdement. On insinua qu'ils avaient eu le dessein de l'arrêter et de le forcer à donner sa démission, mais qu'il leur en avait imposé par sa fermeté; qu'ils avaient eu pour but de faire évacuer l'Egypte; qu'ils étaient de connivence avec l'ennemi à qui l'un d'eux faisait même passer des grains, et d'autres calomnies non moins absurdes. Ils avaient eu la délicatesse de lui promettre le secret sur l'objet de leur démarche, et méprisèrent ces bruits, qui ne furent accueillis que par quelques personnes. Ces officiers, espérant toujours qu'aussitôt que le gouvernement pourrait être éclairé sur la conduite du général Menou, on lui nommerait un successeur, répugnaient à le dénoncer. Le général Reynier sur-tout ne pouvait écrire contre lui, sans paraître mû par le désir d'occuper sa place, et cette considération aurait pu rendre ses lettres suspectes de partialité. Mais sentant que la division qui régnait entre les généraux, et qui semblait former un parti d'opposition dont il avait l'air d'être le chef, pourrait avoir des suites funestes pour l'armée, il écrivit au Premier Consul pour lui demander de le rappeler en France, dès que la campagne, qui paraissait devoir commencer

après

après la retraite des eaux, serait terminée. Ces généraux écrivirent à plusieurs personnes, d'avertir le gouvernement, que, pour conserver l'Egypte, il fallait y envoyer un autre général en chef, sans choisir parmi ceux de l'armée. Cependant, lorsqu'ils furent instruits des bruits qu'on cherchait à accréditer, ils jugèrent que le général Menou était également capable de les calomnier en France, et adressèrent au gouvernement une note très-modérée sur leur entrevue avec lui : ils ne la signèrent pas collectivement, pour éviter de lui donner l'apparence d'une dénonciation. Elle fut remise, le 3 frimaire, à un officier dont le départ fut retardé jusqu'au 19 nivôse, par les mêmes indécisions qui paralysaient tout : il fut pris par les Anglais.

Le titre de général en chef, accordé au général Menou par le gouvernement, fit peu de sensation dans l'armée, habituée depuis long-temps à le voir s'en qualifier ; le désir d'en être débarrassé, avait cependant inspiré, à beaucoup de personnes, l'espoir qu'il ne serait pas confirmé ; mais on faisait aussi les réflexions suivantes : Le gouvernement, qui voit le général Menou reconnu par l'armée, ignore qu'elle en est mécontente, et que les généraux n'ont pas été consultés lorsque son ancienneté l'a porté au commandement. Il lui suppose assez d'habitude des affaires pour penser qu'il sera capable de diriger l'administration, et doit présumer que, sentant son inexpérience de la guerre, il prendra les conseils des autres généraux, et saura entretenir l'union entre eux et lui. Le gouvernement doit enfin considérer son changement de religion, comme pouvant le rendre agréable aux habitans du pays, et lui faire acquérir l'ascendant d'opinion nécessaire pour en améliorer l'administration et les institutions civiles. Tels furent les raisonnemens qu'on fit dans l'armée, et ces motifs devaient naturellement frapper en France, où on était trompé par ses rapports : l'opinion qu'il avait propagée de l'existence d'un parti anti-coloniste, opinion que ne pouvaient combattre alors ceux qui étaient accusés de le former, était encore un motif de plus pour lui accorder sa confirmation.

Les dépêches, parties le 12 brumaire, arrivèrent à Paris à la fin de frimaire. On y lut avec satisfaction l'état florissant de l'armée; le général Menou, s'attribuant toutes les améliorations de Kléber, se vantait de l'avoir mise dans cette situation brillante : puis on y voyait tant d'opérations administratives, il y répétait si souvent que son gouvernement *était béni par les habitans*, qu'il était naturel qu'on le crût sur parole, personne n'étant là pour démentir ses assertions. Les tableaux fastueux qu'il présentait de l'état de l'armée, des ressources considérables qu'il lui avait assurées, et de ses espérances pour l'avenir, devaient séduire ceux même qui connaissaient l'Egypte: les inconvéniens de ses innovations ne pouvaient être aperçus que sur les lieux, l'éloignement en couvrait les incohérences. Le bruit qu'il existait en Egypte un parti anti-coloniste, composé de tous ceux qui avaient eu la confiance de Kléber, fut répandu en France, avec une nouvelle affectation, après l'arrivée de ces dépêches : des articles insérés dans quelques gazettes, sous des rubriques étrangères, parurent comme pour faire accréditer cette invention par les ennemis. Le général Menou avait eu la précaution de rendre suspects ceux qui auraient pu le démasquer en arrivant en France....... Comment, la vérité serait-elle parvenue au gouvernement ? La nouvelle de mécontentemens et de divisions dans l'armée ne devait-elle pas lui paraître une suite de ces partis imaginaires ? Instruit indirectement du peu d'accord qui régnait entre les généraux, sans en bien connaître les motifs, il devait craindre d'augmenter les dissentions, s'il le faisait remplacer par l'un d'eux, et devait espérer que l'approche des ennemis ferait tout oublier. Le général Menou avait érigé l'Egypte en colonie et s'engageait à la défendre ; le gouvernement ne pouvant démentir cette dénomination impolitique et prématurée, il ne lui restait qu'à en profiter, pour faire connaître les avantages de ce pays, et exciter en France un enthousiasme qui facilitât les moyens d'y faire passer des secours.

On savait à Paris les préparatifs que les Anglais et les Turks faisaient contre l'Egypte. Des éloges publics, des promesses de récompenses nationales, une perspective de gloire et d'honneurs, devaient porter l'armée à se surpasser dans les combats qu'elle aurait à soutenir. Les louanges pouvaient engager un général sans expérience à redoubler d'efforts pour les mériter : elles lui furent prodiguées d'avance ; et ce stimulant, si puissant sur un ame noble, ne fit qu'augmenter sa morgue. Il n'aperçut dans ces éloges que le moyen d'augmenter son ascendant sur l'esprit de l'armée, et quoiqu'il n'osât attaquer directement les généraux, dont il craignait l'influence, il crut les circonstances favorables pour les perdre dans l'opinion, il espéra les dégoûter de servir sous ses ordres et les engager à quitter l'Egypte, avant qu'ils eussent eu le temps d'éclairer le gouvernement... Tous les individus de l'armée connurent alors que le meilleur moyen d'obtenir ce qu'on désirait du général Menou, était de ne point voir les autres généraux, de déclamer contre eux. Ceux-ci, ne voulant point s'exposer à languir dans son antichambre, et même à être renvoyés sans audience, s'abstinrent d'aller chez lui : ayant plusieurs fois éprouvé qu'on ne pouvait pas compter sur ses réponses verbales, ils préférèrent aussi de correspondre par écrit. Ils supportaient ses tracasseries et les méprisaient, mais ils dûrent plusieurs fois lui rappeler les principes de la hiérarchie militaire, et que ses correspondances avec les subalternes détruisaient la discipline.

Il était intéressant pour le général Menou que les Egyptiens parussent satisfaits de son administration ; ce peuple est habitué à flater tous les caprices des hommes puissans ; les membres du divan adressèrent au Premier Consul une lettre, telle que le général Menou la désirait. Il voulut ensuite faire écrire des adresses en sa faveur, par les différens corps de l'armée, mais il ne put y réussir.

Les hommes placés, par un concours de circonstances, sur un théâtre trop vaste pour l'étendue de leurs moyens, cherchant à masquer leur faiblesse, identifient leur cause à un intérêt plus général. Etrangers à l'art de gouverner, bien loin d'oser se l'avouer à eux-mêmes, ils tâchent encore de séduire le vulgaire par des tableaux fastueux et l'annonce de grands résultats. Cette tactique fut, de tout temps, employée par ces charlatans politiques, dont la révolution a vu naître et s'anéantir un si grand nombre : douter de l'infaillibilité de Robespierre, c'était conspirer contre la France, il ne présentait jamais ses intérêts que comme ceux de la République. Quiconque blâme la conduite de ces hommes, ou ne partage pas leurs opinions, est désigné comme factieux, ennemi de l'état. Mais leur masque une fois arraché, l'édifice éphémère d'une gloire usurpée s'écroule, et leur chute est d'autant plus honteuse qu'ils s'étaient trop élevés.

A la fin de nivôse, le général Menou reçut un numéro de la gazette de France du 5 vendémiaire an 9, où se trouvait une lettre, datée de la Syrie, conçue de manière à la faire croire écrite par un officier anglais : il y était désigné, comme le plus propre à défendre l'Egypte ; on s'y étendait sur l'impossibilité de reprendre ce pays aux Français, autrement qu'en y faisant naître une insurrection pour le remplacer par un général du prétendu parti anti-coloniste. Il lut cette gazette, le 1.er pluviôse, à plusieurs personnes qui se trouvaient chez lui ; la plupart de ceux qui l'entendirent en furent révoltés (1).

---

(1) Quelques jours après il prétexta une visite des casernes, afin de paraître en public avec les généraux de division, et il profita de ce qu'ils le traitaient, devant les troupes, avec le respect dû à son grade, pour faire circuler le bruit que ces généraux étaient convenus qu'ils avaient eu le dessein de lui ôter le commandement de l'armée, et lui en avaient demandé pardon. Il transformait ainsi en une bassesse ce qui n'était qu'un effet de la discipline..... Quel moyen de calmer les divisions que d'intéresser l'amour-propre des généraux à ne pas lui céder, même par des témoignages de déférence, lorsqu'ils paraîtraient en public avec lui !

Les deux frégates qui arrivèrent à Alexandrie, apportèrent la nouvelle de l'attentat contre la personne du Premier Consul. Le général Menou, en annonçant ce projet odieux dans l'ordre du 23 pluviôse, l'amalgama avec ce qui lui était personnel, et inséra à la suite de cette nouvelle, l'article de la gazette de France, dont nous venons de parler. Cet ordre du jour excita l'indignation : elle était naturelle contre les auteurs d'un crime atroce, mais elle fut aussi générale contre l'auteur de l'ordre du jour. Quoique les généraux de division Reynier, Damas, Lanusse et Belliard, n'y fussent pas nommés, ils étaient évidemment attaqués. Le silence qu'ils avaient gardé jusqu'alors devait cesser, l'injure était publique ; cependant ils se bornèrent à lui écrire des lettres très-fortes : ils lui demandèrent une dénégation formelle de ses inculpations indirectes, en lui rappelant la modération avec laquelle ils avaient supporté tous ses mauvais procédés antérieurs : ils le menacèrent d'une grande publicité s'il ne réparait cette offense. Ces lettres lui furent envoyées le 25 pluviôse ; il répondit, par une circulaire en termes vagues, qu'il n'avait pas eu l'intention de les désigner. Ces généraux, craignant d'exciter des troubles dans l'armée, se contentèrent de cette réponse. Cet ordre du jour était également inconvenant et impolitique ; car si un parti anti-coloniste avait réellement existé, n'était-ce pas lui donner de la consistance, le favoriser même, que de le désigner publiquement ? c'était encore augmenter les divisions au moment où la campagne allait s'ouvrir.

§. II. *Evénemens militaires et politiques jusqu'à l'entrée en campagne.*

Un parti de 300 cavaliers turks et mamlouks vint le 12 brumaire à Katieh, pour protéger des caravanes de grains et de riz ; ces denrées transportées furtivement par le lac Menzaleh, étaient ensuite chargées sur des chameaux, et conduites en Syrie par des Arabes, auxquels leur vente procurait un immense bénéfice. Le but de ce détachement était aussi de donner chasse aux Arabes réfugiés de la Syrie, qui gênaient ces caravanes. Ces tribus fuyaient de l'Ouady avec leurs bestiaux, lorsque le général Reynier, qui allait inspecter la garnison et les ouvrages de Salahieh, les rencontra ; il demanda un détachement de dromadaires qui se porta sur Katieh : l'ennemi avait déjà disparu. Ce mouvement fit soupçonner, avant qu'on en connût le véritable motif, que les Osmanlis voulaient essayer quelques tentatives, quoique leur armée fût bien désorganisée, et que l'inondation empêchât d'agir dans l'intérieur de l'Egypte : on se mit en mesure pour se défendre, et pour aller même les attaquer à Katieh s'ils voulaient s'y établir.

Une reconnaissance de 40 Mamlouks vint encore à Katieh, le 7 frimaire : elle en repartit aussitôt. Les dromadaires y firent une nouvelle course, et poussèrent dans le désert jusqu'auprès d'El Arich.

Cent Grecs avaient été choisis pour être incorporés (le 26 vendémiaire) dans quatre demi-brigades faibles : ils s'instruisaient assez bien. Deux cents marins furent encore répartis (le 15 frimaire) dans les demi-brigades les moins fortes. La 21.e légère, avant la mort de Kléber, avait fait 300 recrues dans la Haute-Égypte ; elles étaient en état de combattre dans les rangs : ce succès était dû à l'activité du général Donzelot. Aucune mesure générale ne fut prise pour engager les habitans de l'Égypte à renforcer les demi-brigades ; le corps des Coptes était toujours à 500 hommes ; Kléber lui avait déjà donné des instructeurs et l'habit européen ; on y plaça des officiers français, et l'on acheva de lui donner l'organisation des troupes françaises : ce bataillon manœuvrait assez bien. La légion grecque n'avait fait aucune recrue depuis la mort de Kléber : on ne lui donna que tard l'uniforme, et quelques officiers pour l'instruire. Les compagnies de Mamlouks et de cavaliers syriens, furent réunies en un même corps pour l'administration.

Le Grand-Vizir était resté à Jaffa depuis sa retraite d'Héliopolis ; son armée était de 10 à 12,000 hommes, tant infanterie que cavalerie. Il lui arrivait quelques soldats ; mais la désertion compensait ces renforts, et la peste, qui régnait dans son armée, contribuait à l'affaiblir. Le corps des Mamlouks d'Ibrahim bey, et celui d'Hassan-bey-Djeddaoui, réduits à 500 cavaliers, étaient campés près de lui. Quelques ouvriers anglais réparaient les fortifications de Jaffa. A El-A'rich la brèche avait été fermée, on élevait sur le parapet un mur crénelé, et 400 janissaires composaient la garnison : quinze à dix-huit cents cavaliers et fantassins albanais, campés près de là avec quelques pièces, y formaient une espèce d'avant-garde.

Le Vizir, pour retenir sous leurs drapeaux les hordes indisciplinées, qui composaient son armée, annonçait chaque jour qu'il allait marcher sur l'Egypte ; mais la bataille d'Héliopolis et le siége du Kaire avaient laissé, dans l'esprit des troupes et des habitans, une impression si profonde, que tous les moyens de succès moraux et physiques lui manquaient à-la-fois : cependant l'époque de sa marche parut décidément fixée au mois de rhamadan, ensuite elle fut reculée. Il était dépourvu de forces, de moyens, sans autorité et sans aucune considération, en querelle avec le Djezzar, dont l'armée était plus nombreuse, et qui avait accueilli plusieurs pachas de son armée. La seule plaine de la Palestine lui restait, c'était là que se bornaient ses ressources, encore les habitans avaient-ils envoyé, dans les montagnes, une partie de leurs bestiaux; le reste du pays ne lui fournissait rien. Les ordres qu'il envoyait aux habitans des montagnes étaient méconnus; les détachemens qu'il envoyait contre eux étaient repoussés à main armée; on devait revenir plusieurs fois à la charge, avec de nouvelles troupes, pour parvenir à soumettre un canton. Plusieurs, au lieu de lui obéir, abandonnaient leurs villages, et fuyaient avec leurs bestiaux dans les montagnes du Karak, à l'est de la Mer morte, ou dans le désert de l'Hauran. Quelquefois, lorsqu'il parvenait à s'emparer des cheiks par trahison, la soumission du canton était le fruit de cette surprise. La province qui lui résista le plus long-temps, fut celle des Nablousains, qui étaient soutenus par Djezzar pacha; les chefs de l'armée du Vizir, envoyés successivement contre eux, furent tous battus aux défilés de leurs montagnes : cependant la paix se fit; mais ils lui fournirent peu de chose. La faiblesse de l'empire Ottoman est telle, que le premier fonctionnaire de l'État se trouvait entouré de provinces rebelles, et réduit, pour toutes ressources, à la plaine presqu'inculte de la Palestine.

Le pacha de Damas devait envoyer un corps

de troupes destiné à augmenter l'armée du Vizir; mais la jalousie de ce pacha et la répugnance des habitans à combattre les Français, empêchèrent sa formation. Des renforts devaient aussi arriver de l'intérieur de l'Asie, et se réunir à Alep; mais un corps de 10,000 hommes, déjà envoyé par Battal pacha, fut appelé de cette ville pour l'opposer, dans les provinces d'Europe, à Passawan-Oglou. Quelques troupes qu'on envoya, à diverses reprises, par mer, se dispersèrent aussitôt après leur débarquement.

Comme il ne recevait que fort peu d'argent de Constantinople, le Vizir voulut (en frimaire), augmenter le taux des monnaies pour pouvoir payer ses troupes; mais elles se révoltèrent, et ce ne fut qu'avec beaucoup de peine qu'il parvint à les calmer et à les retenir près de lui.

A la fin de la campagne du général Bonaparte en Syrie, on avait détruit les récoltes dans la plaine de la Palestine; l'armée du Visir avait ensuite achevé de la dévaster. La plus grande disette régnait dans ce pays, qui tire ordinairement de l'Egypte des grains, du riz et d'autres denrées, et qui n'en recevait plus que rarement par contrebande. Le Vizir était contraint de faire venir d'Europe les subsistances de son armée, ces ressources étaient mal administrées, beaucoup de soldats en fesaient le commerce, ou vivaient de brigandages. Dans l'impossibilité d'agir seul, il avait demandé des secours aux Anglais, qui l'excitaient toujours à marcher, et ne cherchaient qu'un prétexte pour envoyer sur l'Egypte des forces capables d'exécuter leurs projets. Déjà le général Keller, avec quelques officiers et des canonniers, instruisait ses troupes. Il comptait sur un corps auxiliaire de 5 à 6000 hommes, et fut très-surpris de l'arrivée d'une armée de 16,000 hommes, disposée à agir comme partie principale. Les succès de ces alliés lui parurent aussi redoutables que ceux des Français; car, quel que fût le résultat de cette lutte, les points les plus importans de l'Egypte devaient rester au parti victorieux et non aux Turks.

Une partie de cette armée parut devant Jaffa, au commencement de nivôse; mais la crainte de la peste, qui faisait de grands ravages dans l'armée du Vizir, l'empêcha de débarquer : elle alla terminer ses préparatifs à Rhodes et dans le golfe de Macri.

Vers la fin de frimaire, un Capidji bachi apporta de Constantinople, au Grand-Vizir, le plan de campagne et l'ordre d'agir de concert avec les généraux anglais; des courriers à dromadaire furent expédiés en Arabie, pour porter des dépêches à la flotte qui devait arriver par la mer Rouge.

Les dépositions des espions qu'on entretenait en Syrie, celles des bâtimens grecs à leur arrivée, etc., firent connaître, dès le 10 nivôse, ces dispositions hostiles : tout portait à croire que les Anglais préparaient un grand effort contre l'Egypte. Ils ne pouvaient employer autre part, avec quelque espérance de succès, cette armée embarquée depuis si long-temps; et ils avaient trop d'intérêt à profiter du secours de leur marine et à prendre Alexandrie, pour débarquer ailleurs que dans les environs de cette place. Cependant le général Menou croyait, ou affectait de croire, que le Visir seul pourrait essayer quelqu'attaque; que les Anglais, prévoyant le partage de l'empire Ottoman, voulaient *se faire leur part ;* qu'ils se contenteraient de l'Archipel, et, pour cet effet, avaient commencé par s'établir à Rhodes, mais qu'ils ne viendraient jamais attaquer l'Egypte; il plaisantait même, dans sa société, des inquiétudes de ceux qui voulaient l'éclairer sur les véritables desseins des Anglais. Il fit quelques dispositions incomplètes pour réunir les troupes: une partie de la 21.e légère, qui occupait la Haute-Egypte, eut l'ordre de se rassembler à Bénisouef et de se tenir prête à marcher au Kaire. Persuadé que la côte ne pouvait pas être menacée, il la dégarnit de troupes, et fit venir, d'Alexandrie au Kaire, 500 hommes d'infanterie et 100 chevaux; pareil nombre y remonta aussi de Damiette.

Les deux frégates qui entrèrent, le 14 pluviôse, dans le port d'Alexandrie avec 300 conscrits, une compagnie d'artillerie et des munitions, donnèrent encore plus de certitude à ces nouvelles : le gouvernement envoyait des instructions pour la défense de l'Egypte, et annonçait de nouveaux secours plus considérables.

La cavalerie était bien habillée et parfaitement tenue; mais aucun régiment n'avait assez de chevaux pour monter tous ses hommes. La réquisition ordonnée par Kléber avait servi pour les mettre au complet, et pour former un dépôt de remontes : elle fut suspendue, le dépôt fut vendu sous prétexte d'économie, et il manquait à la cavalerie, à la fin de pluviôse, environ 400 chevaux.

Les courses continuelles du régiment des dromadaires ruinaient un grand nombre de ces animaux : ce corps n'avait reçu aucune remonte depuis celles ordonnées par Kléber : son chef proposa plusieurs fois, inutilement, au général Menou, de lui permettre d'y employer des fonds qui provenaient de prises faites par le régiment.

Quelques officiers d'artillerie imaginèrent que les chevaux de ce service seraient moins fougueux, et plus propres au trait, s'ils étaient coupés : cette opération fut proposée au général Menou, qui l'autorisa, dans le moment même où il était menacé d'une double attaque, et avant d'être assuré que les chevaux seraient guéris à l'époque où l'on devrait entrer en campagne.

Mulley Mahammed, ce fanatique qui, pendant la campagne de Syrie, avait soulevé la province du Bahireh et plusieurs autrés cantons de l'Egypte, en se faisant passer pour un ange envoyé par le prophète; qui, depuis, était venu au Kaire lors du siége et avait beaucoup contribué à retarder la capitulation ; qui ensuite avait été joindre l'armée du Vizir, fut envoyé, au commencement de pluviôse, en Egypte, afin d'y organiser une nouvelle révolte, pour l'époque où les armées combinées l'attaqueraient. Il fut poursuivi dans le Delta et obligé de fuir dans la Haute-Egypte, où il ne trouva qu'une seule tribu arabe disposée à se soulever, celle des Djehemah.

Mourad bey était instruit du plan de campagne des ennemis par les Mamlouks d'Ibrahim bey, avec lesquels le général Kléber l'avait autorisé à correspondre, dans l'intention de mieux pénétrer les desseins et les dispositions des Turks. Kléber avait senti qu'il valait mieux approuver ces relations, et en profiter, que de s'exposer à des communications secrètes, qu'on ne pourrait jamais empêcher. Mourad bey haïssait les Osmanlis et redoutait leur vengeance ; mais sa politique était de ménager tous les partis. Son traité avec Kléber le liait au sort de l'armée française : c'était d'elle qu'il qu'il pouvait espérer les plus grands avantages, dans l'état d'épuisement où la guerre l'avait plongé, et qui lui ôtait l'espérance de redevenir jamais le maître du pays. L'estime qu'il avait conçue pour les Français affaiblissait, peut-être même effaçait en partie, l'impression des maux qu'ils lui avaient fait éprouver. Ce qui paraît certain, c'est que, soit par attachement ou par politique, il avertit exactement le général Menou des projets des ennemis, de leurs forces et même de leurs plans d'opérations.

Le Grand-Vizir instruit de l'ascendant que le parti opposé aux Anglais commençait à reprendre à Constantinople, aurait préféré des négociations aux chances que le sort des armes pouvait lui faire courir ; mais toute correspondance avait été rompue. Il fit proposer à Mourad-bey, par Ibrahim, de s'offrir en qualité de médiateur.

C'était l'époque où Mourad-bey devait envoyer au Kaire le tribut de ses provinces. Il donna cette commission à Osman-bey-bardisi, et le chargea, en même-temps, de faire connaître au général Menou le plan de campagne des ennemis et les propositions du Grand-Visir. Ce bey arriva au Kaire le 18 pluviôse, et eut audience le 19. Après avoir fait des protestations d'attachement, et s'être plaint de la mauvaise récolte qui ne permettait pas de compléter le tribut en grains, il donna des renseignemens sur les projets des ennemis, qui devaient agir très-incessamment contre l'Egypte. L'armée anglaise, d'après son rapport, devait être de 18,000 hommes; elle devait opérer son débarquement avec le Capitan-Pacha, tandis que le Grand-Visir traverserait le désert et qu'une flotte anglaise, partie de l'Inde, arriverait à Suez avec un corps de troupes. Il exhiba les lettres qu'Ibrahim écrivait à Mourad, de la part du Grand-Visir. Ce dernier le chargeait de représenter au général Menou, que l'armée française pourrait difficilement résister à l'attaque combinée de trois armées; que ses victoires même lui causeraient des pertes impossibles à réparer, et qu'elle finirait par succomber à de nouveaux efforts; il insistait sur l'inconstance de la fortune, qui pourrait bien ne pas la favoriser, et l'invitait à lui faire savoir s'il serait possible de renouer quelques négociations. Mourad-bey priait le général Menou de ne pas oublier ses intérêts, s'il se déterminait à traiter; mais lui offrait, dans le cas contraire, d'envoyer les secours fixés par le traité d'alliance et de le seconder de tous ses moyens.

Le général Menou aurait pu se borner à montrer de la fermeté, beaucoup de confiance dans ses ressources pour défendre l'Egypte, ainsi que dans la valeur des troupes, et accepter les secours de Mourad-bey, en lui faisant entendre que c'était plutôt par estime que par besoin. Il pouvait profiter des avances du Grand-Visir, pour exciter des divisions entre les Anglais et lui, entraver les opérations de leur armée, et concourir au succès des négociations entamées à Constantinople. Mais il reçut fort mal Osman bey, affecta de ne point croire à la possibilité de l'exécution d'un tel plan de campagne, s'emporta contre les observations sur l'inconstance de la fortune; et répondit qu'il n'avait besoin ni des secours ni de la médiation de personne, que Mourad-bey ferait mieux de rester tranquille dans les provinces qu'on lui avait accordées, et de ne pas correspondre avec la Syrie. Osman lui représenta, que Mourad-bey avait entretenu des intelligences dans l'armée du Visir, d'après l'invitation même du général Kléber, et pour l'instruire des projets de leurs ennemis communs. Le général Menou reprit qu'il ne se réglait pas sur la conduite de Kléber, et qu'il ne voulait pas, comme lui, vendre l'Egypte; que ces correspondances de Mourad-bey lui déplaisaient, qu'il lui soupçonnait de mauvais desseins, et ne le voyait pas sans inquiétude accueillir et armer des Mamlouks, qui venaient de la Syrie pour le joindre. Osman bey répondit, que Mourad avait toujours été autorisé à appeler près de lui ceux de sa maison, ainsi que ceux dont les beys étaient morts, afin de diminuer d'autant l'armée du Visir.

Il lui parla ensuite d'un autre objet de sa mission : c'était d'annoncer au général Menou que Mahammed bey l'elfi étant venu se livrer de lui-même à Mourad-bey, se jeter à ses pieds et solliciter son pardon, il n'avait pu le lui refuser ; mais que cependant il l'avait rélégué dans un village, avec ses Mamlouks, jusqu'au moment où il aurait obtenu du chef des Français une égale clémence. Le général Menou blâma fort durement Mourad-bey, de ce qu'il ne lui avait pas livré ce bey pieds et poings liés.

Osman demanda la permission de remettre des lettres que Mourad-bey l'avait chargé de porter aux principaux officiers-généraux, en même-temps qu'il leur ferait visite, pour les assurer de son attachement à l'armée française. Le général Menou lui répondit avec humeur, que Mourad-bey ne devait correspondre qu'avec lui général en chef et représentant du gouvernement français, qu'il pouvait faire ses visites, mais qu'il ne devait remettre aucune lettre.

Osman bey fut peiné de cette réception et indigné des propos relatifs à Kléber. Il instruisit des détails de son entrevue le général Damas et l'inspecteur Daure, qu'il connaissait plus particulièrement ; tous deux cherchèrent à lui faire entendre qu'il ne devait pas s'offenser de quelques paroles dures échappées au général Menou, et lui dirent qu'il pouvait assurer Mourad-bey de l'estime et de l'attachement de tous les Français. Osman bey leur témoigna sa surprise, de ce qu'on avait pu souffrir pour successeur de Kléber un homme si différent des autres militaires, ajoutant qu'il craignait *qu'un tel chef ne causât la perte de l'armée française.* Ces officiers répondirent, que la subordination et l'obéissance étaient l'ame des armées, et que celle d'Orient était bien en état de battre toutes celles qui viendraient l'attaquer : ensuite ils changèrent de conversation, pour qu'Osman bey ne s'apperçût pas du mépris qu'inspirait le général Menou, et des divisions qu'il excitait dans l'armée, quoique lui-même se fût attaché à les faire connaître, en lui défendant de remettre les lettres de Mourad-bey aux autres généraux.

Osman attendit au Kaire une réponse. A la première nouvelle de l'apparition de la flotte anglaise dans la rade d'Aboukir, il réitéra les offres que Mourad avait faites d'unir tous ses moyens aux forces des Français ; mais il ne reçut que des réponses évasives. Lorsque le général Menou se fut enfin déterminé à marcher, il le fit venir, lui ordonna de quitter sur-le-champ le Kaire pour rejoindre Mourad-bey; et, non content de refuser les secours de ce dernier, il le fit menacer d'un châtiment sévère s'il faisait le moindre mouvement en faveur des ennemis . . . . . . Osman bey partit désolé.

Des accidens de peste eurent lieu au Kaire et dans plusieurs villages voisins, au commencement de pluviôse : elle se déclara en même-temps dans la Haute-Egypte. Cette maladie pouvait faire des progrès très-dangereux et gagner les casernes des troupes, pendant que, logées dans la ville, elles avaient des communications fréquentes avec les habitans, dans des rues étroites, dans les cafés et avec les femmes. En supposant même que le contact ne suffît pas pour propager cette maladie, elle pouvait être produite par l'atmosphère malsaine du Kaire, pendant la saison du *Khamsin*. Le moyen le plus sûr d'en garantir les troupes était de les faire camper hors de la ville, dans le désert ; les Mamlouks eux-mêmes, habitués à ne prendre aucune précaution contre cette maladie, employaient ce moyen lors de ses plus grands ravages. Le campement des troupes aurait encore eu l'avantage de les disposer à la campagne qui devait bientôt s'ouvrir. Tous ces motifs avaient déterminé les généraux à demander au général Menou l'autorisation de faire camper leurs divisions. Mais, toujours lent à se déterminer, dévoré de soupçons contre eux, et craignant qu'ils ne profitassent du moment où les troupes seraient éloignées de lui, et sous leurs ordres immédiats, pour travailler leur esprit, il ne répondit pas à leur demande. Il éluda aussi les propositions de la commission de salubrité, qui tendaient au même but.

§ III. *Finances. Produit des nouveaux droits. Vices des innovations. Augmentation des dépenses de l'armée. La perception du Miri est retardée. Les caisses sont vides au moment d'entrer en campagne.*

Les octrois établis à l'entrée de toutes les villes avaient été perçus, pendant le mois de vendémiaire, par des employés nommés à cet effet : leur produit ne s'éleva pas beaucoup au-delà des frais de perception. On les afferma ensuite à l'enchère, et beaucoup de négocians du pays, dont le commerce était détruit, cherchèrent à se récupérer par le fermage des différentes branches de ces droits. La concurrence les fit monter à un très-haut prix, parce que chacun d'eux, comme nous l'avons déjà observé, espérait retrouver ses avances, avec beaucoup de profit, dans des places où, de tout temps, on avait vexé le peuple impunément. Soumis à payer chaque mois, ils furent exacts d'abord, puis, se voyant déçus de leurs espérances, ils payèrent avec plus de difficultés.

Ces droits et les autres rentrées n'avaient pas assez rendu, en vendémiaire, brumaire et frimaire, pour suffire aux dépenses de l'armée. Les emprunts aux Coptes étaient perçus et dépensés à la fin de ce trimestre. Cette ressource étant épuisée, et ne voulant pas faire murmurer les troupes par un retard de solde, on employa une somme de 500,000 francs en or, que Kléber avait ordonné de mettre en réserve, et qu'il voulait porter à un million, afin d'avoir, dans tous les temps, des fonds prêts pour entrer en campagne, si l'armée venait à être attaquée.

L'impôt sur les cheiks ne fut mis en perception qu'au commencement de frimaire; les réclamations générales sur ses inconvéniens et sur les vices de son administration n'avaient pu décider à le changer. La lenteur des rentrées et l'opposition que les cheiks paraissaient y mettre, décidèrent le directeur des revenus publics à faire promettre, par ses employés, que ce droit serait précompté sur le miri, dont un tiers était alors échu : cette promesse en ranima un peu la perception. Mais c'était écarter ce droit de son but: il avait été annoncé comme devant produire 3,000,000 en sus des impositions ordinaires, et l'opiniâtreté à le maintenir, après en avoir connu les vices, réduisit à ne percevoir qu'une portion seulement des impôts exigibles à cette époque.

Le général Menou, voulant faire un système

de finances entièrement neuf, se disposait à changer les impositions territoriales et leur perception : sans se rendre compte des difficultés d'un cadastre et du temps qu'il faudrait pour l'achever, il comptait en faire la base de son nouveau système, et le mettre à exécution la même année. Il ne réfléchit pas qu'un cadastre est un ouvrage immense, qui nécessite une foule de recherches et de travaux : qu'en Europe même, où tous les moyens sont réunis, on n'en a d'achevés que pour de petites étendues de pays, et qu'en Egypte, outre les difficultés qui tiennent à la nature du travail, il en existe encore de locales : que l'arpentage des terres, ordonné par les propriétaires et les Mamlouks les plus puissans, avait toujours été une opération militaire, parce que les villages, craignant de payer davantage, s'y étaient opposés les armes à la main : qu'enfin on serait obligé, pour le faire, d'employer de nombreux détachemens, et qu'il fallait plus d'une année pour préparer ce travail. Il voulait aussi changer le mode de perception et la retirer dès mains des Coptes, qui, réglant tous les comptes des villages sous l'ancien gouvernement, avaient seuls la connaissance exacte de leurs produits, et volaient facilement ceux qui étaient obligés de les employer.

Ces projets étaient bons : il était nécessaire de changer la répartition et la perception des impositions territoriales ; la meilleure base, pour la première, était un cadastre, et il était utile de confier la seconde à des mains plus fidèles que celles des Coptes. Mais il fallait sentir qu'on n'avait pas encore les moyens d'opérer tous ces changemens, qu'on devait les remettre à un autre temps ; et que les besoins de l'armée, à une époque où l'ennemi paraissait se disposer à une attaque, exigeaient qu'on levât promptement les contributions. Il fallait sentir aussi que les retards faisaient perdre, pour leur recouvrement, le moment le plus favorable et dont les possesseurs de l'Egypte ont toujours cherché à profiter, celui où les récoltes étant encore sur pied, les cultivateurs retenus par elles ne cherchent pas à se soustraire au paiement.

En nivôse les embarras augmentèrent; on acheva de dépenser l'or mis en réserve par Kléber ; on demanda le paiement des droits sur les corporations et sur les corps de nations ; les villages payèrent des à-comptes sur le droit des cheiks, et, dans le mois de pluviôse, on put acquitter une partie de la solde et des dépenses de nivôse ; mais ces efforts épuisèrent la caisse, et le directeur des revenus publics fut embarrassé pour tenir ses engagemens. Enfin, à force de sollicitations, il obtint l'ordre, donné le 15 pluviôse, de percevoir 3,000,000 fr. à compte des impositions de l'an 1215. Le général Menou, voulant toujours mettre son projet à exécution dans l'année, ne permit pas d'en demander davantage, quoique, en suivant l'ancien usage, on eût pu exiger quatre millions dès la fin de frimaire, et presque autant en ventôse. Il ne voulait pas non plus employer les Coptes à la perception de cet à-compte; il avait imaginé que, sur son ordre seul, tous les cheiks de villages s'empresseraient d'apporter les sommes qui leur étaient demandées, et qu'il ne serait pas nécessaire d'employer des troupes pour les y contraindre, mesure qui fut toujours jugée indispensable dans ce pays. A la fin de pluviôse seulement, on put lui faire comprendre que les rentrées seraient fort lentes et presque nulles, si on n'employait pas les troupes, et si on n'envoyait pas, dans les villages, les seraphs coptes accoutumés à faire la répartition des contributions, avec quelques intendans coptes et des agens français pour les diriger.

Ces retards empêchèrent de partir, pour mettre cette somme en perception, avant les premiers jours de ventôse; toute la première décade se passa à porter des ordres, sans beaucoup recevoir. On ne put payer qu'une petite partie des dépenses de pluviôse, avec le produit des droits sur les consommations, et sur les corporations ainsi qu'avec le miri de Mourad-bey. Enfin les caisses se trouvèrent vides, lorsque l'apparition de la flotte anglaise, et la marche de toutes les troupes sur les points menacés, suspendirent la perception des impôts, et privèrent le directeur des revenus publics de tous les moyens de faire rentrer, dans les caisses, l'argent nécessaire aux besoins de l'armée.

§. IV. *Des magasins. De l'administration des Subsistances. Des revenus en nature.*

L'ordonnateur Daure n'avait pu persuader le général Menou de la nécessité de faire des approvisionnemens considérables, son successeur, l'ordonnateur Sartelon, ne fut pas plus heureux, et les avis des préparatifs des ennemis ne purent pas davantage l'y déterminer. La fabrication du biscuit ne fut pas seulement reprise pour remplacer celui qui s'était avarié, en plein air, ou dans de mauvais magasins. Les grains destinés à compléter l'approvisionnement d'Alexandrie, pour l'armée pendant deux mois, et pour la garnison pendant un an, furent envoyés par eau, en brumaire et frimaire, à Rosette; de là ils furent transportés successivement à Alexandrie. De plus on déposa à Rosette (on ne sait par quelle raison) du blé et de l'orge, qui auraient été beaucoup mieux placés à Alexandrie ou à Rahmanieh, Rosette n'étant susceptible d'aucune défense.

Les petits forts construits sur la côte, sur les bords du Nil, et autour du Kaire, ne furent approvisionnés que pour un mois. L'approvisionnement de Belbeis et de Salahieh ne fut pas complété à la quantité nécessaire pour nourrir l'armée, lorsqu'elle se rassemblerait sur la frontière de Syrie. Les magasins de Damiette et de Lesbeh étaient peu considérables. La citadelle du Kaire était approvisionnée pour trois mois.

L'organisation physique de l'Egypte, le genre de culture qu'elle exige, et la stérilité à laquelle elle est condamnée lorsque la crue du Nil n'est point assez forte pour couvrir toutes les terres, ont, dans tous les temps, forcé le gouvernement à porter toute son attention sur la formation de magasins de grains, suffisans pour fournir à la subsistance du peuple dans les mauvaises années, ou au moins à l'ensemencement des terres. Dans les bonnes années, on récolte une quantité de grains de beaucoup supérieure à celle que les habitans consomment. Les récoltes des années médiocres permettent même une exportation assez considérable pour l'Arabie, la Syrie et Constantinople. Une partie de cet excédent est mise en réserve, jusqu'à ce qu'on soit assuré d'une bonne inondation. Sous le gouvernement divisé des Mamlouks, le magasin général, où se versait le produit du miri en nature, était bientôt épuisé par la répartition entre les personnes qui y avaient droit;

mais les beys, propriétaires de presque tous les villages, faisaient des réserves particulières.

Lorsque, outre les habitans, on avait encore à nourrir une armée ; qu'on se trouvait dans un état de guerre intérieure et extérieure susceptible, d'un moment à l'autre, d'amener des changemens et de suspendre toute perception, on avait de bien plus fortes raisons pour former des magasins extraordinaires. Bonaparte avait fait établir au Mekias un magasin général de grains, qui devait fournir aux approvisionnemens des places, aux besoins de l'armée, et si cela devenait nécessaire à ceux des habitans. Les grains provenans de la portion des contributions qu'il était d'usage de percevoir en nature, dans la Haute-Egypte, y étaient versés. Ceux que, dans la Basse-Egypte, on tirait des *Oussieh*, et ceux qu'on requérait ou qu'on achetait, y servaient aussi pour l'approvisionnement des places.

Les troubles intérieurs qui précédèrent la bataille d'Héliopolis, avaient empêché de former un approvisionnement bien considérable. L'inondation avait été médiocre et la récolte faible. Vers la fin du siége du Kaire, Mourad bey avait fourni les grains nécessaires pour nourrir l'armée. Aussitôt que Kléber, débarrassé des ennemis, put s'occuper de l'administration de l'Egypte, il fit activer la levée des grains et la formation des magasins : ce fut le principal objet de la surveillance du comité administratif. Deux membres de ce comité allèrent ensuite dans la Haute-Egypte pour y presser les versemens : mais, pendant leur mission, le général Menou supprima le comité. L'un des membres resta bien chargé de la direction des revenus en nature; mais on ne veilla pas, comme Kléber avait voulu le faire en organisant le comité administratif, à ce que les subsistances de l'armée ne fussent pas sacrifiées à la finance; à ce qu'on s'occupât également de la perception des grains et de celle de l'argent; à ce qu'on ne convertît pas en espèces des contributions qu'il importait de recevoir en nature, etc. .... Les magasins s'épuisèrent au lieu de se remplir; ils étaient vides au commencement de frimaire: le directeur des revenus en nature avait inutilement averti qu'on allait manquer, et proposé les moyens de les remplir et de les alimenter. Lorsqu'on fut pressé par le besoin, on chargea les Coptes de verser des grains dans le magasin général, comme emprunt qu'on promettait de leur rembourser; mais ils ne le firent que lentement, et seulement pour fournir à la consommation journalière du Kaire. Le directeur des revenus en nature écrivit au général Menou pour l'inviter à prendre quelque grande mesure; il proposa d'intéresser davantage les Coptes, en leur abandonnant les arriérés dus par plusieurs villages, et qui, par suite de leur négligence, n'avaient pas été perçus, et aussi pour le prévenir que si l'armée devait entrer en campagne, elle serait sans moyens suffisans : cela fut inutile. Cet administrateur ne fut point secondé ; les rentrées qu'il pressa, autant qui lui fut possible, pendant les mois de frimaire, nivôse et pluviôse, suffirent à peine aux besoins journaliers : et, lorsque les Anglais parurent, le magasin général ne pouvait pas fournir à la subsistance de l'armée, pour plus de vingt jours.

TROISIÈME

TROISIÈME PARTIE.

CAMPAGNE contre les Anglais et les Turks.

§. I.er *Arrivée de la flotte Anglaise. Dispositions militaires.*

L'ARMÉE anglaise avait reçu, à Rhodes et à Macri, dès le commencement de pluviôse, tout ce qui lui était nécessaire pour ouvrir la campagne : le ministère la pressait d'agir contre l'Egypte (1) ; mais les Turks ne se hâtaient pas

(1) Le ministère anglais avait à justifier la rupture du traité d'El-Arich, et à calmer l'indignation des Turks, irrités d'avoir perdu l'Egypte au moment où ils s'y croyaient établis ; il avait à arracher des mains de l'opposition une arme terrible : et, pour détourner les regards de cette responsabilité qui pesait sur lui, il dirigea contre l'Egypte une armée errante, sur les mers, depuis plusieurs mois. L'opi-

d'y concourir ; ils paraissaient craindre autant les succès de leurs alliés que leur défaite. Le Vizir, encore effrayé de la bataille d'Héliopolis, tremblant de s'exposer à de nouveaux revers, était bien déterminé à ne marcher que lorsque les Anglais lui auraient ouvert la route. Son autorité était méconnue dans la plupart des provinces de la Syrie ; il n'avait, pour former une armée et des magasins, que les secours et les convois qu'il recevait de sa capitale. Le Capitan-pacha était à Constantinople, avec une partie de sa flotte ; il penchait à traiter avec les Français, plutôt que de courir encore les hasards d'une expédition, et attendait la fin des irrésolutions de la Porte.

Ces différens chefs, persuadés que leurs efforts pour reprendre l'Egypte seraient inutiles, craignaient de s'exposer séparément aux premiers revers ; mais les ordres du gouvernement anglais devinrent impératifs, et ses généraux ne purent s'y refuser. Ils redoutaient, autant que

---

nion publique, en Angleterre, était contraire à cette expédition : les circonstances et des fautes multipliées l'ont faite réussir.... mais qu'en est-il résulté pour cette puissance ? des dépenses excessives, et une grande perte d'hommes ; l'armée d'Orient a évacué l'Egypte, avec des conditions semblables à celles du traité d'El-Arich, sans que les troupes anglaises puissent se glorifier de succès qui ne sont dus, ni à leur bravoure, ni aux talens de leurs généraux.

leurs soldats, la bravoure éprouvée et l'habitude de victoires de l'armée qu'ils avaient à combattre. Instruits néanmoins du caractère et des dispositions de celui qui la commandait, ils espérèrent profiter de ses fautes pour s'établir sur quelques points, affaiblir les Français par des affaires de détail et se maintenir, en attendant des secours et l'effet des attaques que le Visir et un corps attendu de l'Inde devaient effectuer. Aussitôt qu'ils apprirent que le Capitan-pacha avait mis à la voile de Constantinople, et leur amenait un renfort de 6000 Albanais et Janissaires, ils partirent de Macri. Le 10 ventôse, ils parurent dans la rade d'Aboukir. (Les tableaux n.os 1 et 2 contiennent l'état de cette armée, ainsi que celui de l'armée d'Orient et de sa répartition.) Leur flotte fut contrainte de retarder son débarquement jusqu'au 17, les vents du nord et du nord-est rendant la mer trop houlleuse au point choisi pour l'exécuter.

La frégate *la Régénérée* entra, le 10 ventôse, dans le port d'Alexandrie ; elle venait de Rochefort et portait 200 hommes de la 51me demi-brigade, une compagnie d'artillerie et des munitions. Le brik *le Lody*, qui arriva le même jour de Toulon, avait rencontré la flotte de l'amiral Ganteaume, qui portait en Egypte un renfort de 4 à 5000 hommes, et que des circonstances avaient engagé à relâcher dans ce port : dès-lors on put s'apercevoir que le moment favorable pour arriver à Alexandrie était manqué ; mais l'arrivée de ces frégates et cette nouvelle donnèrent, à l'armée d'Orient, la certitude que le gouvernement s'occupait fortement de la secourir.

L'apparition de la flotte anglaise fut connue, au Kaire, le 13, à trois heures après midi. D'après les rapports, les chaloupes étaient à la mer pour opérer le débarquement ; et la prise de trois officiers du génie anglais, qui fesaient une reconnaissance de la côte sous Aboukir, ne laissait aucun doute sur le point menacé.

Nous avons vu précédemment que le général Menou s'était fait illusion jusqu'alors, en repoussant les avis qui lui venaient de toutes parts, sur cette expédition. Il n'avait pas même consenti à l'envoi de bâtimens pour observer les préparatifs des Anglais et surveiller leurs mouvemens. Aucun corps de réserve, qu'on pût opposer avec succès au débarquement, n'existait sur la côte ; on l'avait même dégarnie de troupes, et les places n'étaient pas suffisamment approvisionnées.

On était assuré, par tous les rapports, que le Vizir n'était pas encore prêt à agir, et qu'il ne passerait le désert que lorsqu'il serait certain du succès des Anglais. On savait qu'Aboukir était le seul point de la côte qui pût leur convenir pour opérer une descente, parce que leur flotte trouvait un abri dans cette rade, et que de là ils pouvaient aussitôt se porter sur Alexandrie. Tous les hommes qui avaient un peu étudié l'organisation de l'Egypte et son système de défense, tous ceux qui connaissaient les forces de l'armée française, étaient convaincus que la seule bonne disposition était de la réunir.

Au moment où on reçut la nouvelle du débarquement, toute l'armée s'attendit à marcher vers Aboukir : aussi fut-elle très-étonnée des dispositions que prit le général Menou. Il ordonna au général Reynier de partir sur-le-champ pour Belbeis, avec deux demi-brigades et l'artillerie de sa division ; au général Morand, d'aller promptement à Damiette, avec 500 hommes de la division Rampon, qui précédemment avaient été appelés au Kaire ; et au général Bron, de conduire à Aboukir le 22me régiment de chasseurs, fort seulement de 230 chevaux. Le reste de la cavalerie dut attendre des ordres à Boulak. La division Lanusse ne partit que le 14, et même la 88me, la plus forte demi-brigade de cette division, fut rappelée au Kaire le jour de son départ.

Quelques généraux essayèrent de faire sentir au général Menou, la nécessité de rassembler promptement l'armée vers Aboukir. Ils lui observèrent que le Visir ne marcherait pas avant d'être certain du succès des Anglais ; qu'on aurait le temps de les battre et de se porter ensuite vers Salahieh, avant qu'il pût y paraître; que dans le cas même où le Visir, par des mouvemens plus rapides, aurait obtenu de légers succès, ses troupes seraient aisément dissipées lorsqu'elles apprendraient la défaite de leurs alliés; qu'enfin, en divisant l'armée, on l'exposait à des revers, etc. Le général Reynier écrivit (1) au général Menou ces observations;

---

(1) *Lettre du général Reynier au général Menou.*

Au Kaire, le 13 ventôse an 9.

Vous m'envoyez, citoyen général, l'ordre de partir pour Belbeis avec deux demi-brigades et le général Robin: il va être exécuté, parce qu'un militaire doit premièrement obéir. Mais l'intérêt de l'armée me commande quelques observations, que vous écouterez. Je suis chargé de défendre la frontière qui peut-être attaquée par le Visir; mais je pense que, dans notre position, elle peut être dégarnie. Le Visir est arrivé, ou va arriver à El-Arich; mais il n'est pas probable qu'il marche avant d'avoir reçu des nouvelles des succès des Anglais. Ses préparatifs pour passer le désert ne sont pas complets, et il enverra seulement quelques partis à Katieh ou au-delà. S'il marche et attaque Salahieh, cette place est en état de résister, jusqu'à ce que les troupes viennent la secourir. Après avoir battu le débarquement, il poussera peut-être quelques partis contre Belbeis et le Kaire; mais cela n'est pas aussi dangereux que de laisser faire des progrès aux Anglais.

L'armée qui débarque à Aboukir doit être de 10 à 12000 hommes. Si le général Friant n'a pas réussi à culbuter leur premier débarquement, il doit être actuellement enfermé dans Alexandrie, et nous avons besoin, pour combattre les Anglais, de toutes nos forces disponibles.

il les lui renouvella ensuite de bouche, ajoutant qu'il fallait mettre de côté toutes les haines parti-

---

Lors du débarquement des Turks à Aboukir, Bonaparte ne laissa à Belbeis et à Salahieh que 100 hommes, fort peu de troupes à Damiette, et une très-faible garnison au Kaire ; il réunit tout pour marcher à Aboukir. La position est semblable, nous devons faire de semblables dispositions : c'est particulièrement dans cette armée qu'il faut mettre en usage la grande maxime de guerre, de suppléer au nombre par la rapidité des marches.

Je pense qu'il convient de faire marcher ma division, avec toutes les troupes disponibles, vers Alexandrie. La garnison de Salahieh est plus que suffisante, je renforcerais un peu celle de Belbeis ; des Dromadaires éclaireraient le désert, et je laisserais les instructions nécessaires aux commandans de ces places.

J'ai combattu plusieurs fois les Anglais, et je désire, ainsi que les troupes que je commande, concourir à les battre encore en Egypte. Dans plusieurs de mes lettres précédentes je vous ai parlé de cette expédition : elle est importante, et nous ne devons rien négliger pour la faire échouer, d'une manière glorieuse pour l'armée d'Orient, et digne des exemples que nous ont donnés les autres armées.

Si vous attendez de nouveaux renseignemens sur ce débarquement, avant de vous déterminer à faire marcher toutes les troupes sur Alexandrie, je vous demande à faire rester ma division ici, ou à Birket el Hadji ; je trouve cela plus conforme à mon plan de défense de la frontière de Syrie, et ces troupes seraient beaucoup plus disponibles, pour les porter sur Alexandrie, aussitôt que vous le jugeriez convenable.

Cette lettre, et les observations qu'elle contient, sont

culières pour ne songer qu'à l'ennemi.... mais tout fut inutile : dans l'impossibilité de lui faire adopter de meilleures dispositions, il espéra que son départ dissiperait la jalousie et les craintes qu'il inspirait, et crut qu'ensuite les autres généraux pourraient faire, avec plus de succès, les mêmes observations ; mais le général Menou fut sourd à toutes les représentations ; et ne recevant, le lendemain et les jours suivans, aucun avis du débarquement, il se persuada d'autant mieux qu'il avait fait d'excellentes dispositions.

Sans doute, puisqu'il s'opiniâtrait à rester au Kaire et à diviser l'armée : le seul moyen de sauver l'Egypte eût été de choisir un autre chef ; les circonstances et l'éloignement du

---

dictées par le sentiment profond de l'intérêt de l'armée. Nous devons tous nous réunir, dans ce moment, pour la faire sortir victorieuse de la position où elle se trouve, menacée sur deux points opposés, par deux armées différentes, mais dont l'une est bien plus dangereuse que l'autre.

Réponse du général Menou.

Vous recevrez de mes nouvelles à Belbeys, citoyen général, je ne vous laisserai rien ignorer, et tout sera prévu ; vous devez veiller à la frontière de Syrie, partez promptement.

Je vous salue.

Signé Abd. J. Menou.

gouvernement auraient peut-être autorisé un tel parti; mais c'était un exemple dangereux pour la discipline, que de grands succès auraient seuls pu justifier, et rien n'était préparé pour les obtenir! on ne pouvait prévoir que les Anglais seraient sept jours sans débarquer : d'ailleurs on aurait pu dire, après la victoire, que le général Menou l'aurait également remportée.

§. II. *Débarquement des Anglais. Combat du 22 ventôse.*

Les vents passèrent, le 16, au nord-ouest; la mer devint plus calme et les ennemis purent s'occuper du débarquement. Ils envoyèrent des chaloupes armées vers la bouche du lac Maadieh, pour s'emparer du bac et interrompre la communication directe d'Alexandrie avec Rosette; mais une centaine d'hommes, qui descendit pour cette opération, fut culbutée par 40 grenadiers de la 61me, et cette entreprise échoua.

Le général Friant, dès l'arrivée de la flotte Anglaise, avait réparti ses troupes de la manière suivante :

	Infant.	Caval.
A Rosette et au fort Julien, trois compagnies de la 61me.	150 hom.	
A Edko et à la Maison quarrée un bataillon de la 75me,		

	Infant.	Caval.
une compagnie de grenadiers de la 25me et un détachement du 3me régiment de dragons, en tout. . . .	300 hom.	150
A Aboukir, deux bataillons et les grenadiers de la 61me	700	
Deux bataillons de la 75me.	600	
La moitié d'un bataillon de la 51e et un détachement de la 25me.	250	
Le 18me de dragons. . . .		100
Détachement du 20me de dragons.		80

En tout à Aboukir 1550 hommes d'infanterie, 180 cavaliers, et 10 pièces de canon.

Il ne laissa pour la garde d'Alexandrie que les marins et les invalides.

Ce corps était trop faible pour résister au débarquement d'une armée, qui avait à sa disposition une grande quantité de chaloupes et tous les moyens de la marine anglaise. On ne pouvait espérer de succès qu'en parvenant à culbuter, dans la mer, les premiers qui aborderaient, avant que les troupes eussent le temps de se former ; et en mettant du désordre dans les chaloupes, par un feu d'artillerie bien dirigé.

Les Anglais, qui ne fondaient quelque espérance de succès que sur la faiblesse du corps chargé de garder les côtes, désignèrent pour cette première opération l'élite de leur armée. Ils réunirent toutes leurs chaloupes et y embarquèrent, le 17, avant le jour, les troupes suivantes, sous les ordres des majors généraux Moore et Ludlow.

Gardes, ...	2000 hommes.
23me régiment, ...	600
28me régiment, ...	600
40me régiment, ...	250
42me régiment, ...	900
58me régiment, ...	600
Légion Corse, ...	400
Artillerie, ...	200
Soldats de marine, . .	300
TOTAL, ...	5850

Les chaloupes formées sur une ligne séparée en cinq divisions, s'approchent lentement de la côte. Les troupes françaises, pour se garantir du feu des chaloupes canonnières ennemies, disposées en avant et sur les flancs de celles de transport, prennent position derrière des mamelons de sable, dans l'ordre suivant : la 61me demi-brigade, avec une pièce de 12, deux obusiers, et ses deux pièces de 4, sa droite vers le commencement de la digue du lac Maadieh; le 18me de dragons à la gauche de cette demi-brigade; le 20me de dragons et la 75me, sur le revers occidental de la hauteur des puits. Les détachemens de la 25me et de la 51me forment, avec deux pièces de huit et un obusier, une réserve entre ce dernier corps et le fort d'Aboukir.

La hauteur des puits est un mamelon de sable mouvant d'une pente rapide, sur-tout du côté de la mer. Ce point est le seul où des troupes qui débarquent, puissent trouver une position militaire avantageuse (1). La ligne de chaloupes anglaises reste long-temps au milieu de la baye; elle paraît menacer tous les points de la côte; enfin elle se divise en deux lignes : arrivées à portée de canon, elles se serrent davantage, et viennent aborder au pied de cette hauteur. Les matelots ramaient debout et avec vigueur, sans s'inquiéter de l'artillerie française, tandis que l'infanterie était couchée au fond des chaloupes. La droite, en mettant pied-à-terre, gravit promptement la hauteur et s'y met en bataille; la gauche s'étend sur le revers, de manière à appuyer son flanc à la mer. La 61me demi-brigade charge aussitôt la gauche des ennemis, qui ne peuvent soutenir ce premier choc : une com-

(1) Après la bataille d'Aboukir du 7 thermidor an 7, Bonaparte avait ordonné la construction d'un fort sur cette hauteur; mais on négligea de s'en occuper pour des fortifications moins importantes, quoique le gouvernement l'eût recommandée au général Menou. Ce fort aurait rendu le débarquement très-difficile.

pagnie de grenadiers qui s'établit sur douze chaloupes, les prend de revers: déjà beaucoup d'entre eux jettent leurs armes, mais la seconde ligne qui venait de débarquer leur porte du secours: la 61me, trop faible alors pour culbuter seule les anglais et reprendre la hauteur, borne ses efforts à soutenir le combat.

Le 18me et le 20me de dragons chargent, à la gauche de la 61me, les premières troupes formées sur la hauteur. Ces deux corps, repoussés à cette première attaque, essayent une seconde charge sur la gauche des ennemis, mais le feu de la seconde ligne les force de se retirer.

La 75me, avertie trop tard de l'instant du débarquement, trouve les Anglais formés sur la hauteur; en un moment, la moitié de ses premiers pelotons est mise hors de combat par les feux de la ligne anglaise, son déploiement ne peut s'effectuer, elle est obligée de se retirer.

Les pièces d'artillerie qui étaient à la gauche ne faisant pas assez d'effet, on voulut les rapprocher de la hauteur, avec les détachemens de la 51me et de la 25me; mais les sables ayant apporté des lenteurs dans ce mouvement, les anglais étaient déjà formés à leur arrivée: ils rejoignirent la 75me demi-brigade qui s'était retirée à la distance de 300 toises.

La 61me reçoit alors l'ordre de se retirer: les

soldats, mêlés, depuis deux heures, avec les anglais, et d'autant plus animés qu'ils obtenaient quelques succès, quittent avec peine le champ de bataille. Cette demi-brigade effectue sa retraite dans le meilleur ordre, emmène toute son artillerie, et forme l'arrière garde. On détache dans Aboukir une compagnie de la 51me pour renforcer la garnison de ce fort, et les troupes se réunissent à l'Embarcadaire (1). Alexandrie avait été laissée presque sans garnison, et les Anglais pouvant tenter quelque nouvelle attaque, qui aurait empêché les troupes de protéger cette place importante, on s'y retira pendant la nuit.

Le bataillon de la 75.e, le détachement de la 25.e et le 3.e de dragons, qui étaient à Edko, reçurent, par des signaux, l'ordre de venir à Alexandrie; d'après une mauvaise interprétation de cet ordre, la Maison quarrée, poste fortifié, important à conserver pour défendre le passage de la bouche du lac, fut évacuée et démantelée. Il resta à Rosette 50 hommes de la 61.e, et au fort Julien une compagnie de cette demi-brigade et des invalides.

Lorsque les Anglais furent bien certains de la retraite des troupes françaises, ils envoyèrent

(1) On donnait ce nom à un endroit de la baie de Canope, où la langue de terre, qui sépare la mer du lac Maadieh, est fort étroite et n'a pas plus de 150 toises de largeur.

un corps sur la hauteur qui domine le village d'Aboukir, pour bloquer le fort, et poussèrent leur avant-garde jusqu'au défilé de l'Embarcadaire.

On apprit au Kaire, le 20, à 5 heures du soir, le débarquement des Anglais : toute l'armée vit alors quelle faute on avait faite de ne pas marcher au premier avis. On lui avait fait perdre les momens les plus favorables, les sept jours écoulés, depuis l'apparition des ennemis, jusqu'à leur débarquement. La cavalerie aurait pu, à marches forcées, arriver le 17 ; deux jours après, 10,000 hommes et 50 pièces de canon auraient pu être réunis vers Aboukir et détruire entièrement cette armée, avant qu'elle eût achevé de s'organiser, débarqué son artillerie et retranché son camp : ce moment passé, le succès devenait plus douteux. On était instruit que le Vizir était campé à Yabneh, qu'on l'attendait à El Arich, et qu'il se disposait à passer le désert. On ne pouvait savoir si on aurait encore le temps d'aller battre les Anglais, et de revenir sur la frontière de Syrie, avant son arrivée, et on avait la nouvelle qu'une partie de la flotte anglaise de l'Inde était déjà dans la Mer rouge. On ignorait si les Anglais avaient poursuivi vivement les troupes qui s'étaient opposées à leur débarquement, s'ils leur avaient fait éprouver une perte considérable, s'ils avaient su profiter de ce premier succès pour attaquer aussitôt Alexandrie et s'en emparer par un coup de main audacieux. Cette ville n'était pas en état de tenir huit jours contre une attaque régulière; on pouvait craindre de n'arriver qu'après sa chute, et lors même que les Anglais ne l'auraient pas attaquée, on leur avait laissé le temps de se retrancher dans quelque forte position. On pouvait craindre enfin qu'ils n'eussent obtenu quelques succès partiels sur les trois demi-brigades parties avec le général Lanusse. Tous ces motifs devaient faire sentir la nécessité de rassembler promptement un corps d'armée considérable, d'évacuer plusieurs postes, et de ne laisser, dans ceux qu'on jugerait nécessaires, que de faibles détachemens.

Le général Menou fit partir du Kaïre, le 21, la 88.e demi-brigade, un bataillon de la 25.e, 850 hommes de la 21.e arrivés de Bénisouef, la cavalerie, et le parc d'artillerie qu'il borna seulement à trois pièces de 12. Il écrivit au général Rampon de partir pour Rahmanieh avec la 32.e, les carabiniers de la 2.e et une partie du 20.e de dragons, et de laisser à Damiette, à Lesbeh et autres forts, le reste de la 2.e légère, 100 dragons du 20.e et une compagnie d'artillerie légère. Le général Reynier reçut l'ordre de faire partir la 13.e pour Rahmanieh, par la route du Delta, et d'envoyer au Kaire la 9.e demi-brigade, qui devait remplacer

placer la 85.ᵉ destinée pour Rahmanieh. Cet ordre, d'un style fort ambigu, laissait ce général à Belbeis, avec son artillerie et son ambulance, sans moyens à opposer au Vizir. Deux demi-brigades de sa division étaient dispersées dans les places du Kaire, de Belbeis et de Salahieh, et la marche de la 13.ᵉ par le Delta devant être fort longue dans cette saison, le général Reynier se détermina à passer avec elle par le Kaire, à se mettre à la tête des deux demi-brigades de sa division qui allaient à l'ennemi, et à emmener son artillerie.

Ces dispositions laissaient trop de troupes à Damiette, au Kaire, à Belbeis, à Salahieh et dans la Haute-Egypte; le général Menou ne fit pas évacuer cette dernière; ce fut après son départ seulement, que le général Belliard en donna l'ordre au général Donzelot.

Le 17, le général Lanusse arrive à Rahmanieh, il entend le bruit du canon d'Aboukir, et part sur-le-champ pour aller au secours du général Friant. Le 19, il effectue sa jonction avec lui, sur les hauteurs de Nicopolis en avant d'Alexandrie. La cavalerie, qui, depuis le 18, était renforcée du 22ᵐᵉ régiment de chasseurs, fournissait une grand-garde près d'une maison située à une demi lieue de l'Embarcadaire.

Le corps de l'armée anglaise, établi à terre le premier jour, fut long-temps livré à lui-même; le débarquement des autres corps, ainsi que celui de l'artillerie et des chevaux, ayant été retardé par la grosse mer, il ne fut terminé que le 20. Ce jour là les Anglais se portèrent vers l'Embarcadaire, déjà occupée par leur avant-garde, et là ils achevèrent de s'organiser.

Ils se mirent en marche le 21, à 8 heures du matin, et repoussèrent la grand-garde de cavalerie qui envoya prévenir de leur approche. Les généraux Friant et Lanusse considérant que le lac Maréotis n'était pas praticable dans cette saison, et que, si les Anglais s'établissaient sur les digues du canal d'Alexandrie et du lac Maadieh, le reste de l'armée pourrait difficilement se réunir à eux, résolurent de s'opposer, avec leurs faibles moyens, à la marche des ennemis, afin de conserver cette communication importante. La garde d'Alexandrie fut laissée aux marins et aux dépôts, et ils s'avancèrent jusqu'à la pointe du lac Maadieh, sur les hauteurs voisines du Camp des Romains, avec les troupes suivantes :

				Pièces de 12	8	obus.	4
Général de division Friant.	Général de brigade Délegorgue.	25.e demi-brig. 2.e et 3.e bat.	500 h.	»	»	»	1
Général de division Friant.	Général de brigade Délegorgue.	61.e . . .	600	»	»	»	2
Général de division Friant.	Général de brigade Délegorgue.	75.e . . .	750	»	»	»	1
		Artillerie . . .		1	3	1	»

				Pièces de 12	8	obus	4
Général de Division Lanusse.	Général de brigade Silly.	4.me légère .	650 h.	»	»	»	3
		18.e de ligne.	650	»	»	»	2
		69.e *idem*. . .	800	»	»	»	2
		Artillerie légère.		»	4	2	»
			3850 h.	1	7	3	10

Général de brigade Bron.	22.e régiment de chasseurs.	230 h.
	Dét. du 3.e — de dragons	150
	18.e *idem*.	80
	Dét. du 20.e *idem*. . . .	60
		520 h.

TOTAL.

Infanterie. . . . 3850 h.
Cavalerie 520
Artillerie. . . . 21 pièces.

C'est avec ce petit nombre de troupes que les généraux Friant et Lanusse ont l'audace d'attendre toute l'armée anglaise, c'est-à-dire, 16,000 hommes d'infanterie, 2,000 soldats de marine tirés de la flotte, 200 cavaliers et 10 pièces de canon attelées.

Les Anglais marchaient lentement, leur infanterie avait de la peine à se traîner, dans les sables mouvans qu'elle devait parcourir. Des chaloupes canonnières s'avançaient, dans le lac Maadieh, à la hauteur de sa gauche, ainsi qu'un grand nombre de barques chargées de munitions, de vivres et d'eau douce. Lorsqu'ils virent les troupes françaises postées sur les hauteurs qu'ils voulaient occuper, ils s'arrêtèrent et on se canonna réciproquement. Ils n'osèrent pas attaquer et campèrent, à trois heures après midi, à moins de deux lieues du point de leur départ.

Ils se remirent en marche, le 22 à la pointe du jour : craignant l'impétuosité française et sur-tout la cavalerie, ils se formèrent sur trois lignes; au centre de leur armée était un quarré, dont les côtés étaient composés d'infanterie en colonnes serrées.

L'aile gauche s'ébranla la première; elle suivit le bord du lac Maadieh, afin de s'appuyer au canal et de tourner la droite des Français; le centre se mit en mouvement plus tard, et la droite après lui.

Le centre marchait lentement, sur le revers d'une hauteur qui le masquait à la position des Français, et l'aile gauche paraissait isolée. Le général Lanusse espère la culbuter, au moyen d'une attaque très-vive, avant qu'elle puisse être secourue par le reste de l'armée : il le propose au général Friant, ordonne à la 69.me de s'avancer sur les hauteurs qui bordent la mer, pour occuper la droite des ennemis, laisse un bataillon de la 18.me en réserve sur les hauteurs du Camp des Romains, un bataillon de la 4.me légère, avec une pièce et un obusier d'artillerie légère, à droite de ces hauteurs, et se met aussitôt en marche avec le reste de ses troupes et le 22.me régiment de chasseurs.

Tandis que le brave Lanusse commence son mouvement, le centre des Anglais paraît sur la hauteur; la première ligne s'avance; on ne peut plus alors arriver sur le flanc de l'aile gauche avant de l'attaquer. Le 22.me régiment de chasseurs la charge avec la plus grande bravoure, la traverse et fait poser les armes à deux bataillons; mais les feux exécutés, avec beaucoup de vivacité et de précision, par la seconde ligne, le forcent à se retirer et à abandonner ses prisonniers. La 4.me légère, dirigée par l'adjudant-commandant Boyer, combat, pendant ce temps, avec avantage, le reste de la première ligne et la fait ployer. La 18.e se formait en bataille sur sa gauche; mais la colonne qui marchait à la droite du centre des Anglais, se déploie rapidement sur son flanc, son feu y met du désordre : elle ne peut achever son mouvement pour lui faire face. La 4.e légère et le 22.e de chasseurs, trop inférieurs pour soutenir seuls le combat, commencent alors leur retraite.

Pendant ce temps, le général Friant s'était avancé avec les 25.e et 75.e, précédées de tirailleurs qui inquiétaient l'aile gauche des Anglais. La 61.e avait aussi marché jusqu'à la pointe du lac Maadieh, et attaquait cette aile, qui s'était arrêtée et la recevait par des feux très-nourris; mais étant trop inférieure, et le mouvement projeté par le général Lanusse n'ayant pu être exécuté, elle se retira sur la digue du canal. Le général Friant fit reprendre aux 25.e et 75.e leur position sur la hauteur.

Les généraux Friant et Lanusse sentirent qu'il serait imprudent de s'engager plus long-temps avec une armée aussi supérieure, et qu'on tenterait vainement de l'empêcher d'occuper cette position. Une belle charge, exécutée par le 3.e de dragons, protége la retraite de la 4.e légère qui était fort engagée, et ralentit la marche des Anglais. La 69.e forme l'arrière-garde de gauche, en suivant le bord de la mer; elle attend, à portée de fusil, la droite des Anglais, et exécute, dans le meilleur ordre, une retraite par échelons, qui lui mérite l'admiration des ennemis. La 61.e fait une pareille manœuvre, sur la droite près du canal. Les troupes françaises prennent position sur les hauteurs de Nicopolis.

Les Anglais, après avoir dépassé les hauteurs du Camp des Romains, déploient leurs colonnes du centre; long-temps ils paraissent incertains s'ils attaqueront les Français. Ils avaient la supériorité du nombre; leurs soldats devaient être animés par le succès facile qu'ils venaient d'obtenir ; cependant ils n'osent l'entreprendre. Ils se bornent à faire marcher leur aile gauche sur le grand mamelon au-delà des étangs, et à détacher un bataillon sur le canal ; mais le feu des pièces placées sur la hauteur de Nicopolis, et quelques tirailleurs jetés dans le canal, les forcent bientôt à la retraite : l'aile gauche n'ose pas rester sur le mamelon et se retire. L'armée anglaise campe, la droite à la mer vers le Camp des Romains, la gauche au canal d'Alexandrie vis-à-vis la pointe du lac Maadieh, et travaille de suite, avec une grande activité, à fortifier cette position par une ligne de redoutes.

Les ennemis eurent, dans cette affaire, 1500 hommes hors de combat. La perte, du côté des Français, fut de 500. Cette différence provient du petit nombre des Français, de la supériorité de leur artillerie, et de la charge du 22.e, qui mit beaucoup d'Anglais hors de combat. Le général Lanusse fut légèrement blessé.

Ce dernier, ainsi que le général Friant, sentaient que la position des hauteurs de Nicopolis n'était pas susceptible d'être défendue, si l'armée anglaise l'attaquait, et qu'il était sur-tout important de s'occuper de la sûreté d'Alexandrie. Ils y laissèrent une forte avant-garde, pour en imposer aux ennemis, et leur faire croire que leur intention était de la défendre. Mais, pour soutenir sa retraite et préparer les moyens de résistance d'Alexandrie, ils firent réparer l'ancienne enceinte des Arabes, et y placèrent la 4.e légère, avec deux bataillons de la 18.e; le 3.e bataillon de cette demi-brigade fut établi à la redoute commencée sur la hauteur dite de Cléopâtre; le 3.e bataillon de la 25.e occupa les hauteurs près de la colonne de Pompée. On travailla, en même-temps, à perfectionner les fortifications. Comme la cavalerie devenait inutile pour la défense de cette place, et qu'il y avait peu de fourrages dans les magasins, on ne garda que le 18.e de dragons; le reste fut envoyé, pendant la nuit, à Rahmanieh, au-devant de l'armée. Elle eut beaucoup de peine à traverser le lac Maréotis, et dut s'éloigner, pour trouver un chemin, jusqu'auprès du *Marabou.*

Les généraux qui étaient à Alexandrie firent partir, le 25, un bâtiment, pour instruire le gouvernement de ce qui s'était passé, et prévenir l'amiral Ganteaume, qu'on savait en route, de la position de la flotte anglaise.

§. III. *Arrivée de l'Armée à Alexandrie. Affaire du 30 ventôse.*

On apprit ces détails en arrivant à Rahmanieh. La situation de l'armée française devenait très-difficile. Les Anglais, maîtres des digues, mettaient obstacle à la réunion des troupes sous

Alexandrie, à moins qu'on ne parvînt à découvrir, dans le bassin du lac Maréotis, un chemin praticable pour l'artillerie; ils pouvaient même y faire entrer les eaux de la mer, par une coupure à la digue qui le sépare du lac Maadieh. Toutes les troupes disponibles n'avaient pas été réunies, et les affaires du 17 et du 22 ventôse avaient affaibli les corps qui y avaient combattu.

Le général Rampon arriva, le 26, à Rahmanieh. On reçut, le 27, à Birket, le rapport d'une reconnaissance qui avait découvert une route praticable pour l'artillerie; on s'y dirigea, en passant par *Agazy*, et on arriva vers le Marabou. L'armée fut enfin réunie, le 29, à Alexandrie.

Pendant ce temps, les Anglais avaient fait le siége d'Aboukir. Ce petit fort, bientôt écrasé par une artillerie supérieure et par les bombes, capitula, le 28 ventôse, pour éviter d'être pris d'assaut. Les Anglais avaient pressé avec activité la confection des retranchemens de leur position; ils y avaient transporté beaucoup d'artillerie pour armer leurs redoutes. Ils ne firent d'autres mouvemens que de pousser quelques patrouilles à *Bedah*. Le 27, le 12.ᵉ de Dragons légers rencontra, vers ce village, 50 hussards du 7.ᵉ régiment, détachés avec une compagnie de carabiniers de la 21.ᵉ pour reconnaître leur position sur le canal. Les dragons chargèrent les hussards, qui se lancèrent en même-temps sur eux, traversèrent leur escadron, puis retournant tout-à-coup leurs excellens chevaux arabes, prirent à dos les Anglais qui, ne pouvant arrêter les leurs, furent ainsi poussés sur la compagnie de carabiniers, dont le feu acheva de les détruire.

Les troupes une fois réunies, il fallait attaquer aussitôt les ennemis. Une victoire assurait la possession de l'Egypte ; elle donnait les moyens d'arrêter la marche du Vizir et celle du corps anglais venu de l'Inde. Un échec ne pouvait pas rendre la position beaucoup plus mauvaise, que si, restant en présense des Anglais, on temporisait et consommait les faibles approvisionnemens d'Alexandrie, tandis que l'armée du Vizir, répandue dans l'intérieur du pays, aurait le temps de prendre Damiette, Salahieh, et les autres petits forts, d'en égorger les faibles garnisons, de soulever les habitans, etc. Il ne fallait pas non plus laisser à l'armée anglaise, le temps de recevoir des renforts et de se fortifier davantage.

Si le lac Maréotis avait été praticable dans cette saison, il aurait mieux valu retarder l'attaque, afin d'essayer, par un mouvement rétrograde, d'engager les Anglais à se diviser pour faire le siége d'Alexandrie, et les attirer ainsi sur un champ de bataille plus étendu, où l'armée française, profitant de sa supériorité en artillerie légère et en cavalerie, aurait pu s'assurer la victoire, mais le sol marécageux du lac s'y opposait alors.

Les ennemis étaient tellement supérieurs en nombre, et dans une position si bonne, qu'il y avait peu d'apparence de succès : on ne pouvait en attendre que d'un coup de vigueur sur une de leurs ailes. L'embarras était de faire ordonner de bonnes dispositions, par un général en chef qui n'avait pas fait la guerre et qui fermait l'oreille à tous les avis. Le général Lanusse, à qui le général Menou fit demander, indirectement, un plan d'attaque, lui envoya, aussi par un tiers, un projet fait de concert avec le général Reynier. Il fut rédigé en ordre du jour et donné, à dix heures du soir, aux généraux.

La position des Anglais n'avait pas plus de 1300 toises de développement; les deux ailes appuyées, la droite à la mer et la gauche au lac Maadieh, étaient flanquées par des chaloupes canonnières : la gauche était fortifiée par des redoutes construites sur la digue du canal d'Alexandrie, et couverte par des étangs. Les redoutes placées sur la hauteur occupée par le centre de l'armée, prenaient des revers sur toute cette gauche; et le centre était également flanqué, par la position de l'aile droite, et par la redoute élevée à côté de l'ancien Camp des Romains. Ces ouvrages contenaient beaucoup d'artillerie; les troupes étaient campées derrière, sur deux lignes; la réserve formait une troisième ligne en arrière de la gauche : l'attaque seule de la droite était praticable. On pouvait espérer de la culbuter par un grand effort, de la déborder par la marche supérieure de l'infanterie française, de faire ensuite agir toutes les troupes sur le centre, tandis que l'aile gauche serait occupée par une fausse attaque, de profiter enfin du moment favorable, pour décider le succès avec la cavalerie, et acculer les ennemis au lac Maadieh.

L'armée française, dont la force est détaillée par corps dans le tableau n.° 3, était de 8330 hommes d'infanterie, 1380 de cavalerie avec 46 pièces de canon. L'armée anglaise était de 16000 h. d'infanterie, 200 chevaux, 12 pièces de canon attelées, et 30 en position dans les redoutes, sans compter celles des chaloupes canonnières.

Les troupes françaises furent réunies, aux avant postes, une heure avant le jour (1). Le

---

(1) On agit au point du jour, afin que les troupes pussent parvenir jusqu'à l'armée anglaise, sans être beaucoup exposées au feu des redoutes et des chaloupes canonnières. Peut-être aurait-il été plus conforme au génie des troupes françaises de faire l'attaque le jour; mais, comme le succès dépendait du premier choc sur l'aile droite des Anglais, on espéra que les premiers mouvemens étant couverts par l'obscurité de la nuit, on les tromperait mieux sur le véritable point d'attaque. Il aurait été plus convenable aussi de confier l'action principale à des troupes fraîchement arrivées et qui n'avaient pas souffert dans les combats précédens; mais comment vaincre les jalousies du général Menou, pour faire un changement dans l'ordre de bataille ?

général Lanusse pensait que les redoutes des Anglais seraient facilement emportées, par des grenadiers soutenus par la tête des colonnes : il forma ses deux brigades en colonnes serrées, pour les déployer au-delà de la grande redoute et du Camp des Romains, afin d'attaquer la droite de l'armée anglaise. La brigade du général Silly devait marcher directement sur la redoute; celle du général Valentin suivre le bord de la mer, et passer entre elle et le Camp des Romains. Le centre aurait dû, pour bien suivre la disposition générale, marcher près de la droite de la brigade du général Silly, la suivre en seconde ligne, et, après un premier succès, attaquer vivement, avec l'aile droite, la position et les redoutes du centre des Anglais : mais sa division en deux corps, ayant chacun son commandant, et subdivisés encore par la séparation des grenadiers, lui ôta l'unité d'action nécessaire pour suivre entièrement le plan qui avait été arrêté. L'aile droite devait se déployer entre les étangs et le centre, pour attaquer celui des ennemis, aussitôt que la gauche aurait enfoncé leur droite : elle devait aussi détacher un corps entre les deux lacs, pour occuper la gauche des Anglais, et les empêcher d'envoyer sur Alexandrie des troupes, qui, vu la supériorité de l'armée anglaise, auraient embarrassé les Français. Ce corps devait être secondé par le général Bron, détaché avec deux régimens de cavalerie, dans le bassin du lac

Maréotis, et par une fausse attaque des Dromadaires sur le canal, du côté de *Bédah*. On pouvait d'autant mieux espérer que cette fausse attaque occuperait beaucoup les Anglais, et y retiendrait leurs troupes, qu'ils ignoraient la réunion de l'armée à Alexandrie et pouvaient craindre d'être attaqués de ce côté, ce qui donnait l'avantage d'agir sur leur droite avec égalité de forces. La cavalerie devait marcher, en seconde ligne, derrière l'infanterie, jusqu'à ce que la gauche eût enfoncé la droite des Anglais, et qu'elle pût saisir l'instant de ce désordre, pour décider la victoire par une charge.

Les Dromadaires commencent leur fausse attaque au crépuscule; ils surprennent la première redoute, font vingt prisonniers, se servent d'une pièce de canon qu'ils y trouvent pour tirer sur les autres redoutes, et attirent fortement l'attention des ennemis. Le général Lanusse se met alors en mouvement, ainsi que les autres divisions. Une compagnie de carabiniers de la 4.e légère enlève bientôt un premier redan et y prend une pièce. La brigade du général Silly marche sur la grande redoute. Le général Lanusse s'aperçoit alors que le général Valentin avait quitté le bord de la mer et dirigé sa brigade dans le rentrant de la redoute et du Camp des Romains, où les feux croisés qu'elle reçoit la font hésiter; il y court, la rallie, et la ramène à la charge; il reçoit alors une blessure mortelle. L'impulsion qu'il avait donnée se ralentit, on n'ordonne pas le déploiement de cette brigade, et le feu des ennemis force les soldats à se disperser derrière des mamelons. La 4.e légère, qui formait la tête de la brigade du général Silly, rencontre, vers l'angle de la redoute, la 32.e qui, dans l'obscurité, s'était dirigée trop à gauche ; ces deux corps se mêlent, il en naît un peu de désordre ; la 4.e légère ne peut franchir les fossés de la redoute, elle glisse sur leur flanc gauche et est repoussée par la première ligne anglaise. La 18.e, qui en avait été séparée par la 32.e, ne peut forcer la redoute.

La 32.e, ayant à sa tête le général Rampon, attaque ensuite la première ligne des Anglais : elle est repoussée ; ce général est démonté et ses habits sont percés de balles. L'adjudant-commandant Sornet, en marchant aussi sur la ligne ennemie, est blessé mortellement, et les grenadiers qu'il commande ne peuvent pénétrer. Le général Destin suit la route d'Aboukir, et passe dans l'intervalle de la droite et du centre de la première ligne des Anglais : il y reçoit un feu très-vif de la seconde ligne et des redoutes et se retire après une blessure légère ; le chef de bataillon Hausser, qui commandait sous ses ordres la 21.e légère, avait eu la cuisse emportée : cette demi-brigade reste sans chef au milieu de l'armée anglaise ; un régiment en est détaché pour lui couper la retraite : le second bataillon parvient à se retirer, mais trois compagnies du troisième bataillon, composées en partie de Coptes enrôlés dans la Haute-Egypte, et qui étaient dispersées en tirailleurs, sont forcées de se rendre ; 30 hommes qui gardaient le drapeau, se font tuer avant de le céder aux ennemis. Le chef de brigade Eppler, qui avait marché un peu plus à droite, est blessé et ses grenadiers sont repoussés. Les petits corps séparés qui formaient le centre s'étaient trop avancés, avant d'avoir leur gauche appuyée par la prise de la grande redoute. Presque toutes les troupes avaient attaqué à la fois, isolément, et sans seconde ligne : l'obscurité avait mis un peu de désordre dans leur marche et les principaux chefs étaient hors de combat. Les soldats restant exposés à un feu très-vif, sans recevoir d'ordres, se dispersèrent derrière des mamelons.

L'aile droite, d'après les dispositions arrêtées, attendait, à petite portée de canon du centre des Anglais, le succès de la gauche pour commencer son attaque. Aussitôt que le général Reynier apprend la blessure du brave Lanusse, et le désordre de la gauche et du centre, il fait avancer son aile pour les soutenir ; il charge le général Damas de rester avec la 13.e, entre les deux étangs, pour occuper la gauche des Anglais, et pousser des tirailleurs vers le canal.

Après

Après le non succès de cette première attaque, la dispersion des troupes et la perte du général Lanusse, des efforts ultérieurs devenaient inutiles, puisque, avant l'action, on n'avait d'espérance que dans un premier choc. Les trois cinquièmes de l'armée dispersés, ne pouvaient se réunir et s'organiser de nouveau, sous le feu de l'ennemi, pour entreprendre une nouvelle attaque, lorsqu'une partie des chefs était hors de combat. L'aile droite était trop inférieure pour attaquer seule le centre des Anglais, protégé par les feux de revers de la grande redoute du Camp des Romains et de l'aile droite. Si on s'était retiré alors, la perte aurait été peu considérable, les Anglais auraient considéré cette affaire comme une grande reconnaissance, et l'armée restait encore assez forte pour tenir la campagne, et pour tenter une nouvelle attaque à la première occasion favorable.

Le général Reynier, voyant que le général Menou ne donnait aucun ordre, résolut de faire une nouvelle tentative avec l'aile droite sur celle des ennemis : sa réussite aurait donné les moyens de réunir les troupes dispersées et de les faire agir de nouveau. Tandis que la division Friant et la 85.e marchaient pour remplir cet objet, que l'artillerie légère avançait, par son ordre, pour éteindre le feu des redoutes, ce général se porta vers des mamelons voisins de la grande redoute, afin de bien reconnaître les dispositions des ennemis, et celles qu'il convenait de faire pour les attaquer avec quelque apparence de succès.

Aussitôt que les Anglais s'aperçurent que la principale attaque était dirigée contre leur droite, ils y firent marcher leur réserve. Le général Hutchinson, qui commandait l'aile gauche, y resta cependant toujours avec 6000 hommes, quoiqu'il n'eût devant lui que 800 hommes de la 13.me, 350 chevaux du 7.e régiment de hussards et du 22.e de chasseurs, et 100 Dromadaires.

Pendant que cela se passait, le général Menou se promenait derrière l'armée : le général Lanusse, lorsqu'il fut blessé, l'avait fait prier de le remplacer par le général Damas ; il n'avait rien répondu, et n'avait pris aucune mesure pour réorganiser les troupes. Ensuite, rencontrant la cavalerie, il lui ordonna de charger : vainement on lui observa que ce n'était pas le moment et qu'il la ferait détruire sans en tirer aucun avantage ; ce ne fut qu'au troisième ordre que le général Roize se mit en mouvement (1). Cette cavalerie, en passant dans les intervalles des 61.e et 75.e, arrêta leur marche. Le général Reynier, après

---

(1) Les observations sur de pareils ordres, qui dans les armées sont si répréhensibles et font perdre l'instant favorable, étaient excusables dans cette circonstance, chacun cherchait à aider l'inexpérience du chef, et désirait l'empêcher de faire des fautes.

s'être convaincu qu'on ne pouvait réorganiser une attaque, avec les troupes des divisions Lanusse et Rampon, revenait chercher la division Friant et la 85.ᵉ pour en essayer une nouvelle, lorsqu'il rencontra cette cavalerie, déjà sous le feu de l'infanterie des ennemis. Il était trop tard pour arrêter cette charge déplacée; la cavalerie aurait perdu presqu'autant de monde en restant en place, qu'en achevant de l'exécuter. Le général Reynier fit accélérer le mouvement de ses troupes, afin qu'elles pussent la protéger; mais, à peine la 61.ᵉ arrivait-elle au pied de la redoute, que déjà la cavalerie était repoussée.

Le général Silly venait d'avoir la cuisse emportée; plusieurs chefs de corps étaient blessés; il ne restait, auprès des troupes de la gauche et du centre, aucun chef qui pût profiter de leur proximité des ennemis, au moment du désordre que la cavalerie mit dans leur première ligne. Le général Baudot fut alors blessé mortellement devant la 85.ᵉ

Le général Roize et tous les chefs sous ses ordres, sentaient la faute qu'on les forçait de commettre; mais tous se conduisirent en braves, animés par le désespoir d'être sacrifiés inutilement. La première ligne, commandée par le général Boussart et composée des 3.ᵉ et 14.ᵉ de dragons, chargea la première ligne ennemie derrière la grande redoute; le 14.ᵉ, arrêté par les fossés creusés sur le front du camp, fut obligé de les tourner : l'infanterie ennemie fut culbutée, les soldats se jetaient ventre à terre, et se réfugiaient dans les tentes où les chevaux s'embarrassaient. Le feu de flanc des redoutes et celui des secondes lignes ayant tué, blessé ou démonté un grand nombre d'officiers et de dragons, on fut obligé de se retirer ; le général Boussart avait été atteint de deux balles. L'infanterie anglaise reprit alors ses armes et fut renforcée par la réserve. Le général Roize chargea, avec la seconde ligne de cavalerie, et pénétra jusqu'à la seconde ligne d'infanterie anglaise et à la réserve. Le général Abercromby, qui s'y trouvait avec son état-major, fut blessé mortellement ; le général Roize fut tué ; un grand nombre d'officiers et de dragons eurent le même sort, d'autres furent blessés ou démontés. Les débris de cette cavalerie durent se retirer en désordre, et lorsqu'elle fut reformée derrière l'infanterie, il n'y avait pas le quart de ceux qui avaient chargé.

La destruction de la cavalerie ne laissait aucun espoir de succès ; on aurait dû prendre le parti de se retirer, pour éviter des pertes plus considérables et réorganiser l'armée, afin d'être encore en état de tenter quelque entreprise. Le général Reynier alla chercher plusieurs fois le général Menou, pour lui faire sentir qu'il était nécessaire de prendre promptement un parti ;

qu'il fallait ou se retirer, ou tenter, avec les troupes de l'aile droite qui étaient encore fraîches, une nouvelle attaque, dont on pourrait tirer quelques avantages, si on parvenait à s'emparer de la grande redoute et à culbuter l'aile droite anglaise ; qu'on pouvait essayer si la fortune ne favoriserait pas quelque entreprise audacieuse, quoiqu'il fût peut-être imprudent d'exposer les seules troupes qui pussent soutenir la retraite, etc. : il n'obtint aucune réponse précise. Les troupes restaient sous le feu des lignes et des batteries ennemies, sans faire aucun mouvement, et perdaient, à chaque instant, une foule de braves. Les munitions de l'artillerie étaient épuisées. Les Anglais ayant fait avancer quelques corps qui prirent en flanc la 4.e légère, la forcèrent d'abandonner les mamelons qu'elle occupait : les tirailleurs qui étaient sous la grande redoute durent aussi se retirer. Enfin, après deux heures d'indécision, le général Menou ordonna la retraite : elle se fit dans le plus grand ordre : les Anglais n'osèrent pas sortir de leurs retranchemens, et l'armée française reprit, à onze heures du matin, sa position sur les hauteurs de Nicopolis.

§IV. *Dispositions après l'affaire du 30 ventôse. Prise de Rosette et de Rahmanieh. Passage du désert par le Vizir.*

Le lendemain de l'affaire du 30, le général

Reynier, voyant que le général Menou ne donnait aucun ordre, pour faire occuper aux troupes une position plus convenable que celle de Nicopolis, et pour prendre, relativement aux divers corps disséminés en Egypte, les dispositions qu'exigeaient les circonstances, alla chez lui: il lui dit, que la position sur les hauteurs de Nicopolis était trop étendue pour qu'il fût prudent d'y attendre les Anglais ; que ces derniers, avec 15000 hommes, pouvaient, par une attaque vigoureuse, y culbuter les troupes et entrer avec elles dans Alexandrie ; qu'on pouvait prendre une meilleure position, en plaçant la droite sur les hauteurs de la colonne de Pompée, le centre à l'enceinte des Arabes et la gauche au Pharillon ; mais que néanmoins des considérations majeures devaient faire préférer un plus grand parti. La réunion de toutes les troupes à Alexandrie épuisait les magasins qui étaient peu considérables ; l'armée du Vizir, ainsi que le corps venu de l'Inde, devaient être en marche ; les Anglais pouvaient occuper Rosette, faire entrer une flottille dans le Nil et attaquer Rahmanieh ; il était nécessaire de s'y opposer ; enfin le reste de l'armée étant dispersé dans plusieurs mauvais postes qui devenaient inutiles et qu'on ne pouvait plus secourir, ces détachemens isolés pouvaient être battus en détail, si on ne se déterminait pas à faire sauter ces forts, afin de réunir leurs garnisons à un corps d'armée. Pour parer à ces divers dangers, le général Reynier proposait de laisser à Alexandrie, à la citadelle du Kaire, au fort Julien et à Lesbeh, des garnisons suffisantes, et de réunir l'armée à Rahmanieh, afin de profiter des occasions favorables pour battre les Anglais, lorsqu'ils quitteraient leur position pour attaquer Alexandrie ou Rosette, et, suivant les circonstances, marcher contre le Vizir aussitôt qu'il passerait le désert.

Le général Menou avait tant parlé de parti anti-coloniste, qu'il avait fini par se persuader que toute proposition d'abandonner des forts, pour réunir l'armée, avait pour but un projet d'évacuation de l'Egypte. Il ne prit que des demi-mesures, ne rappela que les postes de Mit-Khramr et de Menouf, n'envoya à Rahmanieh et Rosette que la 85.e avec 100 dragons du 3.e régiment; donna ordre au général Belliard de faire partir pour Rahmanieh 1200 hommes (1); de réduire au strict nécessaire les garnisons de Belbeis et de Salahieh, et de presser le retour des troupes qui étaient encore dans la Haute-Egypte. Il envoya au général Morand l'ordre de laisser 100 hommes à Lesbeh, autant dans les tours du Boghaz, de Dibeh et d'Omfaredje, et de venir à

(1) Quelques jours après il écrivit à ce général de n'en envoyer que 600.

Rahmanieh avec ce qui restait de la 2.e légère, du 20.e régiment de dragons et l'artillerie ; ce dernier ordre fut porté par un Arabe qui n'arriva pas.

Le général Menou, pendant qu'il était au Kaire, ne voulait pas croire que les Anglais pussent débarquer : lors qu'il fut à Alexandrie, il chercha à se persuader que le Vizir ne marcherait pas, que les Anglais ne pouvaient rien entreprendre, que, tant qu'il serait en face de leur armée, ils n'oseraient pas quitter leur position, ni faire de détachemens sur Rosette, et qu'ils se rembarqueraient bientôt.

Autant les troupes estiment le général instruit, homme intrépide qui, ferme et confiant au milieu des dangers qu'il brava souvent à leur tête, sait, dans une circonstance difficile, tirer de son expérience et de sa valeur les ressources qu'un vulgaire timide croit anéanties ; autant elles méprisent le lâche présomptueux qui, la main sur les yeux et l'oreille fermée, cherche à s'étourdir sur des périls dont il n'ose envisager l'étendue ; fanfaron ignorant qui, loin de l'ennemi, prédit avec emphase des succès qu'il n'a pas su préparer, qu'il ne saura point obtenir à son approche. C'est peu qu'un pareil chef aime à se tromper lui-même ; on le voit encore en imposer à ses troupes sur la force de ceux qu'elles ont à combattre, méthode vicieuse, bonne tout au plus avec des soldats neufs, sans coup-d'œil, sans habitude de la guerre ; mais avec de vieux guerriers.....! c'est douter de leur courage, c'est outrager leur gloire, que de leur déguiser le nombre des ennemis. Celui qui adopte cette méthode, qui, par orgueil, ne veut point avouer ses fautes et cherche perfidement à les faire retomber sur les autres, se croit sûr de parer à tous les événemens, s'il parvient à capter la bienveillance des troupes; et il ne s'occupe qu'à travailler leur esprit, au lieu de s'assurer des succès par de bonnes dispositions.

Toujours livré à ses inquiétudes personnelles, le général Menou n'avait d'espions que dans son armée, et aucun dans le camp ennemi : on n'apprit la mort du général Abercromby que le 18 germinal, et encore ce fut par un déserteur. On répandit une foule de bruits, trop absurdes pour que ceux qui en étaient l'objet eussent besoin de les démentir; mais ceux qui les propagaient étaient protégés : on employa toute espèce de moyens pour intimider ceux qui refusaient d'y croire; plusieurs même furent arrêtés. La terreur s'empara des esprits...... Les chefs désunis par toutes sortes de manœuvres, ne pouvaient se concerter pour diriger le général en chef; aucun ne voyait assez d'apparence de succès pour se charger de toute la responsabilité....: on ne pouvait prévoir les nouvelles fautes et la timidité des Anglais.

Un convoi de 57 bâtimens turks, dont 5 vaisseaux de ligne et 6 frégates, sous les ordres du Capitan-pacha, arriva le 5 germinal dans la rade d'Aboukir : il portait 6000 hommes de troupes turques, qui débarquèrent, le 10, à la Maison quarrée. Ce poste, qui aurait pu devenir important, avait été évacué et désarmé après le débarquement. On apprit, le 14, à Alexandrie, que les Turks s'y étaient établis; mais le général Menou ne voulut point croire cette nouvelle; les officiers qui les avaient reconnus et qui voulurent lui faire des rapports exacts furent menacés; il accueillit ceux qui eurent la faiblesse de lui dire qu'il n'y avait que 7 à 800 hommes, et ne prit aucune mesure pour les en chasser et pour s'opposer à leurs progrès ultérieurs. A cette époque, un corps d'armée réuni en campagne, aurait facilement battu les Anglais et les Turks, au moment où ils auraient quitté la Maison quarrée pour se porter sur Rosette. Les Anglais, découragés par la mort d'un général en chef qui avait toute leur confiance, affaiblis par leurs pertes, dégoûtés du pays par les chaleurs de ce climat brûlant et par la disette d'eau douce, voyant que le Vizir n'avait pas encore passé le désert et paraissait peu disposé à les seconder, auraient perdu tout espoir dès le premier échec; les étrangers, qui composaient plusieurs de leurs corps, auraient alors déserté et grossi l'armée française.

Le général Hutchinson, croyant toujours que l'armée française se réunirait à Rosette, craignait d'y marcher; cependant, d'après les rapports des Arabes, il y envoya une reconnaissance de 500 hommes, et instruit du petit nombre des français qui s'y trouvaient, il se détermina à occuper cette ville, qui lui était indispensable pour se procurer des approvionnemens et de l'eau douce, et pour continuer ses opérations. Le 16, 3000 hommes de l'armée anglaise passèrent à la Maison quarrée, ils campèrent le 17 à Edko, et le 18 marchèrent à Rosette avec le corps de Turks. Le 3me bataillon de la 85me, qui était dans cette ville avec 3 compagnies de la 61me, ne pouvant résister à des forces si considérables, passa le Nil dès que les ennemis approchèrent, et se retira à Fouah. Le fort Julien resta livré à lui-même, avec une garnison de 25 hommes de la 61me, une compagnie d'invalides et quelques canonniers; trois barques armées, stationnées au Boghaz, devaient remonter vers ce fort, dès qu'elles y seraient forcées.

Les Anglais et les Turks campèrent sur la hauteur d'Aboumandour et s'y retranchèrent; leur avant-garde se porta vers Hamat, dans un endroit resserré entre le Nil et le lac d'Edko. Ils entreprirent ensuite le siége du fort Julien et attaquèrent le Boghaz: quelques jours après ils firent entrer une flotille dans le Nil. Le fort Julien fut forcé de capituler le 29, après une résistance beaucoup plus opiniâtre qu'on ne pouvait l'espérer d'un aussi mauvais ouvrage, dont un front avait été détruit par la dernière inondation, et qui était écrasé par une artillerie supérieure : lorsque les Anglais virent sortir quelques invalides qui l'avaient défendu, ils demandèrent où était la garnison.

La prise de Rosette fut connue, le 20, à Alexandrie : on reçut, dans le même temps, des nouvelles du Kaire, qui annonçaient la marche du Vizir comme très-certaine. Le général Belliard, d'après cette certitude, avait fait rentrer au Kaire les 600 hommes qui avaient été demandés pour Rahmanieh. Ces nouvelles étaient sues de toute l'armée, et le général Menou soutenait toujours qu'il n'en était rien; il annonçait, tantôt que le Grand-Vizir était mort, tantôt qu'il était rappelé à Constantinople, enfin que les Anglais n'étaient pas à Rosette. Il ne put cependant se dispenser d'envoyer quelques troupes de ce côté là ; mais il crut qu'il suffisait, pour les battre, d'y envoyer le général Valentin, qui partit dans la nuit du 20 au 21, avec la 69me forte de 700 hommes, et le 7me régiment d'hussards de 180 chevaux.

Le général Reynier fut, le 23, chez le général Menou, afin d'essayer encore de lui démontrer les inconvéniens de la position prise en avant d'Alexandrie, de lui indiquer les travaux essentiels pour la défense de cette place, etd e l'engager à rassembler l'armée pour s'opposer aux progrès du corps ennemi qui occupait Rosette. N'ayant obtenu de bouche aucune réponse raisonnable, il lui réitéra ses observations par écrit (1).

---

(1) *Lettre du général de division Reynier au général en chef Menou.*

Au camp d'Alexandrie, le 23 germinal an 9.

Je crois nécessaire, citoyen Général, de vous rappeler la conversation que nous avons eue ce matin, afin que vous donniez des instructions précises sur les dispositions à faire si l'ennemi nous attaque.

Je vous ai observé que depuis que notre gauche s'est un peu retirée pour prendre une position plus resserrée, mieux appuyée et moins exposée au feu des chaloupes canonnières, l'effort de l'ennemi aurait lieu sur la droite, qui est fort en l'air, et la 13.e demi-brigade serait forcée de se retirer, ainsi que la cavalerie, si l'ennemi marchait, comme il le peut, avec des forces supérieures, le long du canal et par le lac Maréotis, les prenait de revers et menaçait de s'emparer des hauteurs voisines de la colonne de Pompée, qu'il faudrait bien aller défendre. Alors le flanc droit de la division Friant serait découvert; l'ennemi, avec trois fois plus d'infanterie qu'on ne peut lui en opposer, forcerait nos faibles retranchemens; on pourrait même craindre que si nos troupes s'opiniâtraient à les défendre pied à pied, et si les Anglais étaient audacieux, ils ne prissent de suite une partie des ouvrages d'Alexandrie, parce que ceux qui doivent recevoir les troupes dans leur retraite, ne sont ni achevés ni armés.

Je ne pense pas que les Anglais nous attaquent de quelques jours, dans cette position; parce que, d'après le plan qu'ils paraissent avoir adopté, il leur convient mieux d'at-

Les dromadaires qui avaient été en reconnaissance du côté de Rosette furent de retour

---

tendre qu'ils aient achevé leur établissement à Rosette, pris Rahmanieh, que le Vizir ait agi en Egypte, et que nos communications soient interceptées : mais à la guerre on doit tout prévoir.

Pour appuyer l'aile droite, il faudrait pouvoir s'étendre jusqu'à la droite du canal et y faire de bonnes redoutes; mais nous n'avons pas assez de troupes pour garnir tout ce terrain et le défendre. La seule bonne position qu'il y ait autour d'Alexandrie, pour un corps faible, est, la droite au canal vers les hauteurs de la colonne de Pompée, le centre à l'enceinte des Arabes, et la gauche au Pharillon. Je vous en ai déjà parlé, depuis l'affaire du 30. Elle est protégée par le fort Crétin et d'autres ouvrages de la place. Les travaux des troupes pour la défense de cette position, auraient amélioré la place d'Alexandrie; la redoute de Cléopâtre, qui est de la plus grande importance, serait actuellement achevée et armée, et on en aurait pu construire une bonne près de la colonne de Pompée. Cette position est telle que l'ennemi ne pourrait l'attaquer, sans faire de grandes pertes et sans être probablement repoussé.

Ce qui me détermine à insister pour avoir des instructions, c'est que je prévois ce qui arrivera si on nous attaque : je serai forcé de faire replier la droite, l'armée sera battue et on cherchera peut-être à m'en attribuer calomnieusement la faute, ce qu'aucun militaire ne croira.

Dix années d'une guerre très-active, où j'ai presque toujours été employé à diriger les mouvemens de grandes armées, m'ont donné assez l'habitude de juger de la bonté des positions, des desseins des ennemis, et des moyens de s'y opposer; je croirais manquer au grade que j'occupe dans le 24, et annoncèrent que cette ville était occupée par 3 à 4000 anglais et 5 à 6000 turks avec 20 pièces de canon. Mais le général Menou

---

cette armée, et à l'intérêt que je prends à sa gloire, ainsi qu'à la conservation de l'Egypte, si je ne vous faisais pas part de mes idées. Je l'ai déjà fait à la nouvelle de l'arrivée de la flotte anglaise, pour vous engager à marcher promptement à Alexandrie. Après la malheureuse affaire du 30, je vous ai proposé de réunir tous les corps isolés, de laisser à Alexandrie et à la citadelle du Kaire des garnisons suffisantes, et de former un corps d'armée pour tenir la campagne. L'inaction des Anglais et la lenteur des Turks auraient bien favorisé ce mouvement. Il aurait probablement été possible de battre le corps qui a marché sur Rosette; d'aller rejeter le Vizir dans le désert; et si les Anglais s'étaient divisés pour bloquer Alexandrie et en faire le siége, d'avoir quelques avantages sur eux. A présent les ennemis sont établis à Rosette, le Vizir marche, et il est peut-être trop tard pour faire ces mouvemens et en espérer des succès.

Les mouvemens, à la guerre, doivent être d'autant plus promptement décidés et exécutés, qu'on est plus inférieur à l'ennemi; lorsqu'on ne prévient pas l'exécution de ses desseins, et qu'on divise ses forces, on est presque toujours battu.

Par-tout où l'armée sera réunie, elle en imposera toujours à l'ennemi : il ne nous reste plus que de faibles ressources, mais nous avons affaire à un ennemi peu entreprenant, et il est peut-être encore possible de gagner assez de tems, pour recevoir des secours ou des ordres du gouvernement, et attendre l'issue des négociations entamées, s'il est vrai que Pitt soit renvoyé. *Signé* REYNIER.

ne voulut pas croire ce rapport ; il dit au chef de brigade Cavalier, et au commissaire ordonnateur Sartelon présent à cette reconnaissance, qu'il ferait fusiller quiconque dirait qu'il y avait plus de 800 hommes. Cependant, comme le chef de brigade Cavalier affirmait que le général Valentin était hors d'état de reprendre cette ville, il fit partir 500 hommes de la 4me légère et 160 chasseurs du 22me régiment.

A cette époque le général Menou nomma trois généraux de division, trois généraux de brigade, et fit plusieurs autres avancemens; quelques officiers voulurent refuser ces grades, mais ils furent contraints d'accepter.

Le 25, il fit partir encore pour Rahmanieh la 13me et le 20me de dragons, sous les ordres du général Lagrange. Cette demi-brigade était la seule de la division du général Reynier qui restât sous ses ordres directs ; ce général reçut alors l'ordre de demeurer à Alexandrie sans troupes. Il voulut encore éclairer le général Menou, et lui faire sentir que ce n'était pas avec de petits détachemens successifs, qu'on s'opposerait aux progrès des ennemis, mais en rassemblant l'armée : s'il avait pu le déterminer à faire de meilleures dispositions, il aurait insisté pour conserver ses troupes ; ses représentations étant inutiles, il prit le parti d'aller demeurer à Alexandrie, et d'y rester simple spectateur des événemens malheureux qu'il prévoyait.

Les

Les Anglais avaient coupé, le 24, la digue du lac Maadieh, afin de faire entrer les eaux dans le lac Maréotis : ils espéraient empêcher les communications avec Rahmanieh et le Kaire; mais leur but ne fut pas entièrement rempli, les eaux s'étendirent lentement dans ce bassin : ils auraient agi bien plus militairement s'ils avaient attaqué les convois, qui marchaient tous sous une faible escorte, et s'ils s'étaient avancés plutôt à Rahmanieh.

On apprit alors à Alexandrie que l'armée du Vizir avait passé le désert : une colonne était arrivée, le 19 germinal, à *Kantara-el-Khasneh* et une autre à *Saffabiar*. Les faibles garnisons laissées à Belbeis et à Salahieh avaient ordre de faire sauter ces forts, de détruire les magasins et de se retirer sur le Kaire, aux premiers avis de l'approche des ennemis. Du moment où on ne faisait aucune disposition pour secourir ces mauvais postes, aussitôt qu'ils seraient attaqués, il convenait beaucoup mieux de réunir à l'armée leurs garnisons, qui ne pouvaient opposer aucun obstacle à la marche des ennemis. D'ailleurs le principal objet de ces forts était de contenir des magasins pour l'armée, et sa répartition ne lui permettait pas d'en profiter.

Salahieh fut évacué le 19, après midi : la garnison se retira à Belbeis, dont on fit sauter les ouvrages le 21, avant de se mettre en marche pour le Kaire. Trente dragons du 14me, qui formaient l'arrière garde, furent chargés, le 22, près d'El-Menayer, par 200 Mamlouks et Osmanlis. Cinquante dromadaires, qui retournèrent à leur secours, forcèrent les ennemis à se retirer avec perte. L'avant-garde de l'armée du Vizir se réunit à Belbeis le 22; il n'arriva qu'à la fin du mois à Salahieh, avec une partie de son artillerie et des canonniers anglais.

Nous avons vu qu'on avait successivement envoyé des troupes à Rahmanieh, mais trop tard pour empêcher les Anglais de s'établir à Rosette, et en trop petit nombre pour les en chasser. Les ennemis suivirent ce mouvement et augmentèrent leur corps de Rosette, à mesure qu'ils virent partir des troupes d'Alexandrie. Une partie de ces renforts occupa la hauteur d'Aboumandour; l'autre joignit l'avant-garde établie à Hamat et qui s'y retranchait.

Le général Valentin était parti de Rahmanieh avec les 69me et 85me demi-brigades, le 7me régiment d'hussards et le 3me de dragons; quelques barques armées le suivaient sur le Nil. Il s'était arrêté à El-Aft, sans aller reconnaître de plus près l'avant-garde ennemie, non plus qu'une position resserrée entre ce fleuve et le lac d'Edko. Le général Lagrange arriva à Rahmanieh le 28; il y trouva le général Morand à qui le duplicata des ordres, expédiés dès le 1er germinal, était enfin parvenu. Ces généraux joignirent, le 29, le général Valentin à El-Aft; ils s'y établirent et commencèrent des retranchemens. Ce corps, composé d'environ 3900 hommes, était trop faible pour attaquer les Anglais dans la position d'Hamat, où on ne pouvait arriver que par un chemin étroit, bordé et coupé de canaux, et par conséquent très-difficile pour l'artillerie et la cavalerie.

L'armée se trouvait alors divisée en trois corps, tous inférieurs de beaucoup à ceux des ennemis. Il restait à Alexandrie 4500 hommes disponibles, qui ne pouvaient rien entreprendre contre le camp des Anglais, gardé par 7 à 8000 hommes, et dont les retranchemens avaient été renforcés. A El-Aft, 3900 hommes étaient opposés aux corps ennemis qui occupaient Rosette, et dont la force avait été graduellement portée à 7000 Anglais et 6000 Turks. Au Kaire, (après que le reste de la 21me légère, arrivé le 16 germinal avec le général Donzelot, fut réuni aux garnisons de Belbeis et de Salahieh, et à celle de Souez qui se retira par la vallée de l'Egarement lorsque la flotte venue de l'Inde fut prête à débarquer), il y avait 2500 hommes d'infanterie. Ce corps avait à défendre cette ville contre le Vizir, qui s'avançait avec une armée de 25000 hommes. Le 10 floréal il vint camper à Belbeis et s'y retrancha; son armée s'accrut, avec assez de rapidité, par des bandes qui partirent de la Syrie et des autres provinces de la Turquie asiatique, aussitôt qu'elles surent qu'on pouvait franchir le désert sans danger et se répandre en Egypte pour y piller. Le corps anglais venu de l'Inde devait se joindre au Vizir. Le général Belliard recevait du général Menou des ordres très-précis pour garder le Kaire, et n'avait pas assez de troupes pour marcher contre le Vizir, sans l'abandonner. Il plaça ses troupes de manière à défendre les avenues de cette ville, afin d'empêcher les Osmanlis d'y pénétrer et d'en faire soulever les habitans. Il établit son corps principal entre le fort *Camin* et la tour du Nil à Boulak, couvrit cet espace par quelques redoutes, et fit camper une colonne mobile entre la citadelle et la porte Kléber.

Cette séparation de l'armée en trois corps, tous trop faibles, ne pouvait produire que des revers. Puisque le général Menou s'obstinait à rester à Alexandrie, avec une partie des troupes, au lieu de réunir l'armée, et qu'on n'avait pas assez de forces pour reprendre Rosette, on aurait dû abandonner un moment Rahmanieh, dérober quelques marches aux Anglais, et se joindre aux troupes du Kaire pour battre le Vizir, avant qu'il eût eu le temps de s'organiser; et, lorsqu'après l'avoir rejetté dans le désert, on n'aurait plus eu d'inquiétude pour le Kaire, redescendre à marches forcées, avec toutes les troupes, vers Rahmanieh. Si, dans ces entrefaites, les Anglais s'étaient avancés jusques-là, l'armée française, plus faible en infanterie, mais supérieure en cavalerie, aurait eu beaucoup d'avantage à leur livrer bataille dans un pays ouvert : si, au contraire, ils avaient gardé leur position vers Rosette, on aurait eu de plus grands moyens pour s'opposer à leurs progrès. Il aurait été fort avantageux, dans ce cas, de remettre la garde du Kaire à Mourad-bey, en conservant garnison seulement dans les forts, si on l'avait engagé plutôt à se rapprocher. Mais ces deux corps étaient divisés de commandement, et on ne pouvait exécuter un pareil mouvement que par les ordres du général Menou.

Les choses restèrent dans cet état, jusqu'au 16 floréal; les deux armées se bornant à retrancher leur position. Dans cet intervalle de temps, des convois de 4 à 500 chameaux faisaient continuellement des transports de Rahmanieh à Alexandrie ; mais le grand nombre de chevaux, qu'on y gardait très-inutilement, obligeait à y porter des fourages nécessaires pour les nourrir, tandis qu'une grande quantité de vivres de diverses natures et de munitions, qui avaient été expédiés du Kaire, par ordre du général Menou, restaient à Rahmanieh faute de moyens de transport suffisans.

Les eaux s'étendirent lentement dans le lac Maréotis : elles atteignirent Mariout le 5 floréal, et le 16 la tour des Arabes; alors on établit à Mariout, où le lac est resserré et se divise en deux bras, des bateaux pour le passage, et on plaça dans l'île quelques pièces de canon pour les protéger. On y fit aussi porter des barques qui furent armées, pour former une petite flottille, et observer celle que les Anglais y firent pareillement entrer du lac Maadieh. Les convois devinrent alors plus difficiles.

La flottille que les Anglais avaient fait entrer dans le Nil, fut portée successivement à 40 bâtimens armés. Le 19 floréal, ils reçurent à Aboukir un renfort de 2900 hommes, qui remplaça leurs pertes.

La position prise par les troupes françaises à El-Aft était mauvaise; son front était fortifié, mais l'ennemi pouvait marcher entre sa gauche et le lac, et la tourner; il pouvait aussi faire passer entre les lacs d'Edko et Maadieh un corps qui, se portant sur Rahmanieh, aurait forcé à s'y reployer pour défendre les magasins. La droite de cette position, appuyée au Nil, était, il est vrai, flanquée par quelques chaloupes canonnières; mais les Anglais pouvaient placer sur la rive droite du fleuve des batteries, pour protéger leur flotille déjà beaucoup supérieure. Il aurait peut-être mieux convenu de laisser seulement une petite avant-garde vers El-Aft, pour observer les mouvemens des Anglais, et, au lieu de s'enfermer dans de faibles retranchemens, de tenir la campagne autour de Rahmanieh, afin de saisir le moment où les Anglais seraient dans un pays plus ouvert, pour attaquer une de leurs ailes, avec cette supériorité que donnait à l'infanterie française, la rapidité de sa marche.

Les Anglais se décidèrent enfin à commencer de nouvelles opérations. Ils avaient divisé leur armée, afin de pouvoir garder leur position dans la presqu'île d'Aboukir, et agir, en même-temps, dans l'intérieur de l'Egypte. Malgré l'avantage du nombre, ils craignaient encore qu'on ne profitât de ce moment, pour réunir un corps d'armée et les combattre divisés : aussi tous leurs mouvemens annoncèrent de la timidité. Le 16 floréal, 7000 Anglais et 6000 Turks vinrent camper vers Dérout et poussèrent une reconnaissance sur le camp d'El-Aft; leur flotille remonta le Nil jusqu'à la même hauteur.

Le 18, un corps d'Anglais et de Turks passa sur la rive droite du Nil, à Fouah, avec de l'artillerie, qui de suite fut mise en batterie au-dessus d'El-Aft, tandis que l'armée anglo-turque s'avançait contre les Français.

Les défauts de cette position d'El-Aft ont été indiqués ci-dessus, ils furent alors bien sentis; on n'engagea pas le combat et on se retira sur Rahmanieh.

Les batteries établies sur la rive droite du Nil gênèrent la retraite de la flotille française; une chaloupe canonnière fut brûlée, d'autres coulées, mais quatre barques armées parvinrent à Rahmanieh.

Le 19, les Anglo-Turks marchèrent sur ce poste. La gauche, qui suivait le bord du Nil, était composée de Turks; les Anglais marchaient en colonne, à leur droite; un corps venant par Damanhour devait les joindre.

Si on avait voulu se déterminer sérieusement à combattre les Anglais à Rahmanieh, il aurait fallu s'éloigner un peu du Nil, pour ôter aux ennemis l'avantage que leur donnait leur flotille et se procurer celui des armes qui leur manquaient, la cavalerie et l'artillerie légère; il aurait fallu attaquer leur aile droite, lorsqu'ils auraient passé le canal d'Alexandrie, et laisser insulter, par les Turks, la redoute de Rahmanieh qui était à l'abri d'un coup de main; il aurait fallu, pour parer à tous les événemens, faire remonter le Nil à plus de 200 barques chargées de vivres et de munitions, qui devaient être perdues aussitôt que les Anglais auraient établi des batteries sur la rive droite.

Les troupes françaises, aux ordres du général Lagrange, étaient placées autour de la redoute de Rahmanieh et derrière les digues du canal d'Alexandrie; la cavalerie était au bord du Nil. Aussitôt qu'on aperçut les ennemis, elle fut détachée à leur rencontre et passa le canal; sans l'appui de l'infanterie, elle ne pouvait rien contre les Anglais qui marchaient en colonnes serrées; aussi dut-elle leur céder le terrain et repasser le canal, où elle mit ses pièces en batterie ; mais le corps qui avait passé par Damanhour et de l'infanterie qu'ils détachèrent par le canal, la forcèrent bientôt à s'en éloigner. Les Anglais se déployèrent devant elle sur les bords du canal ; ils se bornèrent jusqu'au soir à pousser des tirailleurs en-avant. Le corps turk avançait éparpillé, vers un canal d'irrigation dérivé du Nil ; un petit nombre de tirailleurs français les arrêta long-temps ; ils parvinrent cependant à s'y établir : mais 200 hommes de la 2.e légère et de la 13.e les y attaquèrent à trois heures du soir et les forcèrent à s'éloigner après une grande perte. Les Anglais n'avaient placé aucun corps pour les soutenir ; le général Hutchinson arrêta même un mouvement que faisait le général Doyle, lorsqu'il s'aperçut du désordre des Turks.

Un corps d'Anglo-Turks avait marché sur la rive droite du Nil, et avait établi des batteries en face de Rahmanieh et du bras du fleuve servant de port, où se trouvait toute la flotille française. Ces batteries servirent à protéger celle des Anglais qui remontait le Nil. On vit alors que le lendemain on ne pourrait essayer, sans se compromettre, de résister aux nouvelles attaques d'ennemis beaucoup trop supérieurs ; que la flotille anglaise, protégée par les batteries établies sur la rive droite du Nil, prendrait en flanc et de revers les troupes françaises ; et, dès que la nuit fut venue, on exécuta la retraite sur le Kaire. La flotille ne pouvait plus sortir du port de Rahmanieh, parce que les batteries de la rive droite du Nil s'y opposaient, on dut l'abandonner, ainsi que les munitions d'artillerie et les vivres dont elle était chargée, après en avoir détruit le plus qu'il fut possible. Un convoi considérable d'artillerie et de vivres parti du Kaire, et qui passait par le canal de Menouf, n'étant pas prévenu de cette retraite, tomba aussi entre les mains des ennemis.

La redoute de Rahmanieh n'était pas en état de résister long-temps, on y laissa une garde pour des malades qu'on ne pouvait évacuer : elle capitula le 20, à la première sommation des Anglais.

Les lettres qu'on avait écrites, du camp d'El-Aft, au général Menou, l'avaient engagé à envoyer le général Délegorgue à Birket, avec un bataillon de la 18.e, un de la 25.e et 100 dragons, pour s'opposer aux corps que les ennemis pourraient diriger, entre le lac Maadieh et celui d'Edko et par Damanhour, sur Rahmanieh. Ce général partit d'Alexandrie le 19, et arriva le 21 à Birket ; mais, sur la nouvelle qu'il y reçut de la perte de ce fort, il revint à Alexandrie. On ne pouvait plus alors y recevoir aucun approvisionnement : on voulut essayer un fourage dans les villages du Bahireh, vers Amran. Tous les chameaux qui se trouvaient à Alexandrie furent réunis, et on les fit partir, le 24, sous l'escorte des Dromadaires, d'un bataillon de la 25.e et de 100 dragons ; le tout commandé par le chef de brigade Cavalier.

La prise de Rahmanieh, qui isolait Alexandrie du reste de l'Égypte, fit murmurer l'armée contre le général Menou, qui, refusant de croire à la possibilité de cet événement, n'avait pris aucunes mesures pour en prévenir les suites. Ces murmures lui parvinrent, ainsi que les témoignages d'estime et de confiance que les troupes accordaient au général Reynier. Le bruit qui circulait alors, et qui fut accrédité par les Anglais, que ce général avait été nommé commandant de l'armée, et le général Menou restreint à l'administration de l'Egypte, augmentait encore sa jalousie contre lui : elle s'accrut d'autant plus violemment, qu'il ne pouvait se dissimuler que ce général lui avait annoncé tous les revers de l'armée, en lui indiquant les moyens de les prévenir. Il voulut alors écarter ce témoin de ses fautes, et la seule expédition militaire qui, dans touté la campagne, ait été bien combinée, eut lieu dans la nuit du 23 au 24 floréal. Trois cents hommes d'infanterie, 50 de cavalerie, une pièce de canon et des sapeurs avaient été rassemblés, et ignoraient leur destination, lorsqu'on leur fit investir la maison occupée par le général Reynier, afin de le conduire à bord d'un bâtiment prêt à partir, ainsi que le général Damas, l'ordonnateur en chef Daure, l'adjudant-commandant Boyer et plusieurs autres officiers. Le général Reynier craignait moins une pareille violence, que d'autres événemens qui pourraient le conduire à prendre le commandement, lorsqu'il n'y aurait plus que de faibles ressources, et que les chances les plus avantageuses seraient de retarder la capitulation : s'il avait dû la faire, il aurait donné une espèce de probabilité au bruit que le général Menou avait cherché à répandre, sur un parti anti-coloniste. Il lui était avantageux, dans sa position, de retourner en France ; mais sans avoir l'air d'abandonner l'armée, sans éviter de partager ses souffrances, et d'une manière qui annonçât ouvertement, qu'il n'avait eu aucune part aux fautes du général Menou.

Le général Reynier, après s'être assuré qu'on n'avait d'autre projet que de le faire partir, laissa entrer les troupes, se rendit à bord du brick *le Lodi*, avec les officiers désignés, et écrivit au général Menou, en lui donnant encore des conseils sur la défense d'Alexandrie. Le général Damas s'embarqua sur *le Good-union*, avec l'ordonnateur Daure. Les soldats témoignèrent les regrets qu'ils éprouvaient d'être chargés de l'exécution de pareils ordres. Les bâtimens ne purent partir que le 29. Le Lody arriva en France, après avoir été vivement poursuivi par beaucoup de bâtimens ennemis. Le Good-Union fut pris par les Anglais, qui pillèrent la modique succession de Kléber, dont le général Damas était dépositaire.

Le général Menou avait négligé jusqu'alors d'expédier des bâtimens, pour instruire le gouvernement de la situation de l'armée : sa jalousie seule contre le général Reynier le détermina à en faire partir, sans envoyer aucun rapport sur les événemens. Cependant on aurait pu y employer plusieurs bâtimens qui se trouvaient dans le port d'Alexandrie, notamment les frégates envoyées pour porter des secours, que le général Menou avait retenues, quoiqu'elles eussent reçu l'ordre de retourner dès que leur mission serait remplie.

§. V. *Marche pour reconnaître l'armée du Vizir. Prise d'un convoi parti d'Alexandrie. Evacuation de Damiette, Lesbeh et Bourlos. Esprit et conduite des habitans de l'Egypte et des Mamlouks. Mort de Mourad bey. Investissement du Kaire et traité pour l'évacuation de cette ville.*

Le général Lagrange arriva, le 23 floréal, au Kaire, avec le corps qui s'était retiré de Rahmanieh. Cette jonction donnait au général Belliard les moyens de marcher contre le Vizir, avant l'approche des Anglais. Si, alors, on était parvenu à le rejeter dans le désert, une faible garnison devenait suffisante pour contenir les habitans du Kaire, et le corps de troupes que l'on aurait réuni, pouvait être opposé, avec succès, à l'armée anglo-turque qui marchait sur cette ville.

Les généraux anglais craignaient ce mouvement et avaient recommandé au Vizir, ainsi qu'aux officiers de leur nation qui dirigeaient son artillerie, d'éviter tout engagement, de céder le terrain; et, dans le cas où ils seraient pressés trop vivement, de faire leur retraite par le Delta pour se réunir à eux. Il est douteux que le Vizir eût adopté ce plan: il n'aurait pas trouvé convenable à sa dignité, de fuir dans les villages du Delta, avec une escorte dispersée: craignant aussi de se mettre au pouvoir du Capitan pacha, en allant les joindre, il aurait préféré de repasser le désert; et les hommes rassemblés des diverses parties de l'Asie, qui composaient son armée, auraient suivi le groupe de ses gardes, aussitôt qu'ils lui auraient vu prendre la route de Syrie.

La lenteur que les Anglais avaient mise dans toutes leurs opérations, faisait présumer qu'on aurait le temps d'exécuter ce mouvement, avant leur arrivée près du Kaire. Peut-être aurait-il convenu d'abandonner entièrement cette ville et de garder seulement la citadelle et Gizeh; on aurait ainsi réuni un plus grand nombre de troupes: mais ce parti, bon lorsque les ennemis étaient plus éloignés, n'était pas, à cette époque, sans inconvéniens : l'affaire contre le Visir pouvait n'être pas décisive, des partis de son armée pouvaient se jeter dans la ville; alors il ne serait plus resté que de faibles ressources; la communication avec Gizeh et la citadelle, où étaient les magasins, serait devenue difficile; on aurait enfin perdu l'influence d'opinion attachée à la possession de la capitale : d'ailleurs, le général Belliard avait des ordres très-précis du général Menou pour la conserver.

On organisa, le 24, le corps qui devait sortir du Kaire, pour aller reconnaître s'il était encore possible d'attaquer le Vizir avec avantage. Le général Belliard y laissa le général Almeiras pour garder les forts et contenir les habitans : il avait sous ses ordres 1000 hommes d'infanterie, et 500 Coptes et Grecs, les Invalides, cavaliers non-montés, canonniers, ouvriers, etc. qui formaient la garnison des forts au nombre de 1300 hommes, non compris 900 malades aux hôpitaux et les employés.

Le général Belliard se mit en marche, le 25, avec 4600 hommes d'infanterie, 900 de cavalerie et 24 pièces de canon. Après avoir chassé devant lui quelques partis de cavalerie ennemie, il fit halte pendant la nuit à El-Menayer.

Le 26, à la pointe du jour, il se mettait en mouvement, lorsqu'on aperçut, près du village d'El-Zouameh, un corps ennemi à-peu-près de

9000 fantassins et cavaliers turks, appuyés par environ 500 Anglais qui dirigeaient l'artillerie. Les troupes françaises s'avancèrent sur les hauteurs qui terminent le désert, à l'Est d'El-Menayer. L'infanterie, en carrés, forma les deux ailes; le centre était occupé par la colonne de cavalerie. Le feu de l'artillerie française eut bientôt éteint celui de l'artillerie ennemie. La cavalerie chargea sur les pièces, en prit deux, et mit en fuite l'infanterie turque et les canonniers anglais; mais elle ne put les poursuivre, parce que, en s'éloignant trop de la protection de l'infanterie, elle pouvait être écrasée par leur cavalerie, infiniment supérieure en nombre, et qui entourait déjà les troupes françaises. Les Osmanlis tentèrent quelques charges contre les carrés; mais sachant, par l'expérience des campagnes précédentes, qu'il était impossible de les rompre, ils n'osèrent s'abandonner, et le feu de l'artillerie suffit pour les éloigner.

Les groupes des ennemis cédaient le terrain à mesure que les troupes françaises avançaient: depuis plusieurs heures que ces escarmouches se prolongeaient inutilement, les soldats, qui souffraient, dans le désert, d'une chaleur excessive, et sur-tout de la privation d'eau, commençaient à être fatigués: on les fit arrêter à des puits près d'El Zouameh. Pendant cette halte l'armée du Vizir, qui arrivait de Belbeis, se répandit autour d'eux: ils se mirent en mouve-

ment

ment contre les groupes les plus serrés, sans pouvoir engager de combat décisif ; quelques corps de cavalerie paraissaient, dans l'éloignement, prendre la route du Kaire. On devait craindre à la fois qu'ils ne parvinssent à y pénétrer, et que les démarches du Vizir, qui évitait de s'engager, n'eussent pour but de laisser aux Anglais le temps d'y arriver et de s'en rendre maîtres, ainsi que de Gizeh. On jugea qu'il était nécessaire de se rapprocher de cette ville : les troupes y rentrèrent le 27, et furent réparties de manière à en défendre toutes les avenues.

Le chef de brigade Cavalier, envoyé pour faire un fourrage dans les villages du Bahireh, était parti, le 24 floréal, d'Alexandrie, avec 220 hommes de la 25.e demi-brigade, 125 dragons des 14.e et 18.e régimens, 85 dromadaires et une pièce de canon ; il escortait 600 chameaux. Arrivé, le 26, à El-Och, il trouva ce village abandonné et dépourvu de grains, la récolte n'étant pas encore achevée ; il se rendit à Amran, même impossibilité de charger ses chameaux : il forma la résolution d'aller jusqu'au Kaire, pour y chercher des vivres, qu'il conduirait ensuite à Alexandrie par le désert. Trompé par les rapports des habitans, il croyait que l'armée anglo-turque était encore à Rahmanieh ; n'ayant reçu, lors de son départ, des vivres que pour deux jours, il ne pouvait s'éloigner des villages, où ses troupes se procuraient toujours quelques subsistances, pour prendre la route des lacs de natron; il suivit la lisière du désert et des terres cultivées. Arrivé près de Terraneh, il aperçut une flotille sur le Nil; à peine avait-il reconnu les pavillons anglais et turks, qu'il vit des colonnes ennemies se diriger sur lui. Depuis son départ d'El-Och, il avait toujours été entouré de 7 à 800 cavaliers arabes qui, sans l'inquiéter beaucoup, l'avaient cependant empêché de faire éclairer sa marche par la cavalerie. Les chameaux, épuisés de fatigue, ne pouvaient s'éloigner assez rapidement; il essaya cependant de s'enfoncer dans le désert, mais il fut bientôt atteint par la cavalerie des ennemis, et forcé de ralentir sa marche pour leur faire face et leur résister sans se rompre. Ce premier corps fut bientôt joint par plusieurs pièces d'artillerie légère et de l'infanterie. Ces 450 Français, attaqués par 3000 Anglais, et embarrassés par un convoi, ne pouvaient se défendre; ils rejettèrent néanmoins, avec fermeté, les premières sommations qui leur furent faites de se rendre prisonniers. Leur contenance fière engagea les Anglais à signer, avec le chef de brigade Cavalier, une convention, par laquelle ce corps serait embarqué pour la France avec armes et bagages.

Dans le même temps 6000 Turks occupèrent Damiette, tandis que 1000 autres débarquèrent à Dibeh ; quatorze bâtimens anglais et turks bloquaient le Boghâz : tout se disposait pour l'attaque de Lesbeh. Ce fort était bien garni d'artillerie, mais il y avait seulement douze canonniers pour servir toutes les pièces : son développement était aussi trop considérable pour la garnison chargée de le défendre. On prit le parti de l'évacuer, d'enclouer les pièces, de jeter les munitions et les vivres dans le Nil et de couler les chaloupes canonnières. La garnison passa le fleuve, le 20 floréal, et se retira, avec les marins, sur Bourlos, pour de là essayer de se réunir au corps de Rahmanieh : elle apprit que ce corps s'était replié sur le Kaire, et ne pouvant rester à Bourlos, faute de vivres, elle s'embarqua sur quatre bâtimens qui s'y trouvaient, dans l'intention de se jeter, si cela était possible, dans Alexandrie. Deux furent pris ; les autres parvinrent à s'échapper et gagnèrent des ports d'Italie.

Avant la bataille d'Héliopolis, les mouvemens des ennemis sur la frontière avaient toujours occasionné des soulèvemens en Egypte, sur-tout dans les cantons qui n'étaient pas contenus par la présence des troupes : cette victoire, la prise du Kaire, la clémence du vainqueur, qui borna le châtiment des révoltés à de fortes amendes, eurent une telle influence sur les habitans, que le débarquement d'une armée anglaise, ses premiers avantages, la présence du Capitan-pacha et les préparatifs du grand Visir, ne détruisirent pas leur confiance et leur attachement aux Français. Tous faisaient des vœux pour le succès de leurs armes. Les musulmans, même les plus fanatiques, qui, pour me servir de leurs expressions, étaient contens de voir des infidèles se détruire entre eux, préféraient le joug des Français à celui d'étrangers qu'ils ne connaissaient pas. Les firmans répandus par le Visir et par le Capitan-pacha, n'avaient pu exciter aucun mouvement. A mesure que le Visir pénétra en Egypte, les cheiks des villages, toujours fidèles à leur système d'obéir à l'ennemi présent (1), s'empressèrent d'aller lui faire leurs soumissions; mais ils se bornèrent à des protestations d'attachement, et ne fournirent de l'argent et des vivres qu'autant qu'ils y furent contraints. Les Arabes vinrent aussi, avec une partie de leurs cavaliers, joindre son armée, bien moins dans l'intention de lui servir d'auxiliaires que pour

(1) Ils étendent même cette dénomination aux troupes du gouvernement chargées de protéger la perception de l'impôt.

éviter ses poursuites, et sur-tout pour vivre, pendant la crise, aux dépens du pays, et piller les vaincus s'il y avait une affaire.

Le Kaire avait trop souffert, pendant le siége qu'il avait eu à soutenir, pour s'y exposer de nouveau. La plus grande tranquillité y régnait, malgré la proximité des armées ennemies ; mais, en même temps qu'ils promettaient de ne faire aucun mouvement, les habitans annonçaient avec franchise, qu'ils seraient forcés de se joindre aux Osmanlis, s'ils parvenaient à s'introduire dans la ville, et que les premiers soins des Français devaient être d'en garder toutes les avenues. Le général Belliard, pour mieux les contenir, s'assura de la personne des principaux Cheiks, et les garda en otage dans la citadelle.

Nous avons parlé précédemment des vexations que Mourad-bey et son envoyé Osman-bey-Bardisi, avaient éprouvées de la part du général Menou, et de la manière dont ses secours avaient été refusés. Cette conduite devait l'indisposer contre le chef des Français, et lui ôter l'espérance d'être protégé par eux. Lorsque les circonstances déterminèrent le général Belliard à rappeler les troupes qui occupaient la Haute-Egypte, il invita Mourad-bey à descendre avec ses Mamlouks ; ce bey effectua ce mouvement avec lenteur. Une peste horrible dévastait alors ces provinces ; les

Mamlouks en étaient attaqués, et chaque bey s'isolait dans le désert avec les siens. N'ayant pas été entraîné, par des démarches ostensibles, à se prononcer ouvertement, avant de connaître les résultats de la campagne qui s'ouvrait, il voulait en profiter pour garder une espèce de neutralité, afin de s'arranger avec le vainqueur. Déjà il avait appris les premiers succès des Anglais ; des agens envoyés par eux, le pressaient d'unir ses intérêts aux leurs. Ennemi juré des Turks, dont il connaissait toute la perfidie, il savait qu'il ne devait en attendre qu'une vengeance, préparée d'abord par de bons traitemens ; mais il pouvait espérer quelqu'avantage de la protection de leurs alliés ; et on peut soupçonner, qu'en cas d'événement malheureux pour les Français, il s'y ménageait un appui. Ses projets éventuels n'ont cependant jamais influé sur sa conduite ; il témoigna aux Français, jusqu'à sa mort, un attachement toujours égal ; et, même à cette époque, il préparait pour eux des envois de grains dont il savait qu'ils manquaient. Leurs revers et l'inquiétude qu'il concevait de son sort futur l'affectèrent vivement : les chagrins ébranlèrent sa santé ; il fut attaqué de la peste et y succomba le 2 floréal, après trois jours de maladie.

Les Beys et Mamlouks sentirent vivement cette perte ; les circonstances ne permettant pas de transporter son corps au tombeau des Mamlouks, où ils avaient désigné sa place près d'Ali-bey, ils l'inhumèrent à Saouagui près Tahta. Le plus bel hommage fut rendu à sa bravoure : ses compagnons d'armes brisèrent ses armes sur sa tombe, déclarant qu'aucun d'eux n'était digne de les porter.

Mourad-bey n'était pas un homme ordinaire : il possédait éminemment les vertus et les défauts qui tiennent au degré de civilisation où les Mamlouks sont parvenus. Livré à toute l'impétuosité de ses passions, son premier moment était terrible, le second l'entraînait souvent dans un excès contraire. Doué par la nature de cet ascendant, qui appelle certains hommes à dominer les autres, il avait l'instinct du gouvernement sans en connaître les ressorts. Egalement prodigue et rapace, il donnait tout à ses amis, et pressurait ensuite le peuple pour subvenir à ses propres besoins. Joignez à ces traits généraux une force de corps extraordinaire, une bravoure à toute épreuve, et une constance dans le malheur qui, au milieu des crises fréquentes de sa vie agitée, ne l'a jamais abandonné.

Les Beys, après sa mort, reconnurent pour leur chef Osman-bey-Tambourgi, qu'il leur avait désigné. Il fit faire au général Belliard des protestations d'attachement aux Français, et fit annoncer des envois de grains. Mais il mit beaucoup de lenteur dans tous ses mouvemens, afin de mieux régler sa conduite sur les circonstances.

Après la retraite du corps de Rahmanieh et la rentrée de celui qui avait été reconnaître l'armée du Vizir, les Beys voyant plusieurs armées s'avancer de concert contre le Kaire, en même-temps que le corps de l'Inde, arrivé à Kenneh, descendait le Nil, jugèrent les affaires des Français désespérées, et qu'il convenait à leurs interêts d'abandonner ostensiblement leur cause. Ils allèrent camper auprès du Capitan-pacha et des Anglais ; mais ils chargèrent en même-temps Hussein-bey, leur envoyé chez les Français, de les prévenir de cette démarche et de l'excuser, en leur annonçant qu'ils ne commettraient aucune hostilité contre eux : en effet ils tinrent parole.

L'armée d'Orient, lors de son arrivée en Egypte, était huit jours après le débarquement à Rahmanieh, dix jours plus tard elle livrait la bataille des Pyramides. Les soldats, encore fatigués de la traversée, avaient fait toute cette route sans moyens de transport, ni par terre, ni par eau, avant qu'aucun service fût organisé pour leur fournir des subsistances, harcelés continuellement par les Mamlouks, les Arabes et tous les fellahs armés ; ils avaient vécu des fèves, des lentilles, du maïs, du blé et de quelques bestiaux abandonnés, qu'ils trouvaient daus les villages. L'armée anglaise ne fut à

Rahmanieh que 63 jours après son débarquement, quoique secondée de tous les moyens qu'elle tirait de sa flotte, par un service de subsistances très-bien organisé, par une flotille nombreuse sur le Nil et beaucoup de chameaux pour les transports, aidée encore de l'influence du Capitan-pacha sur les habitans, qui les présentait comme les satellites de l'Islamisme. Elle mit ensuite quarante jours à faire la route de Rahmanieh à Embabeh, que les troupes françaises parcouraient ordinairement en moins de quatre.

Cette lenteur du général Hutchinson ne peut être motivée que sur la crainte qu'il avait d'être battu, par une réunion momentanée de toutes les forces françaises, avant que l'arrivée du Vizir ne divisât leur attention sur plusieurs points, et par le desir de mettre assez d'ensemble entre ses mouvemens et ceux des Turks, pour que les Français ne pussent pas sortir du Kaire, afin de combattre l'un, sans abandonner cette ville aux autres. Peut-être aussi voulait-il attendre la jonction des troupes de l'Inde. Elles étaient arrivées à Suez à la fin de germinal; une partie y avait débarqué, en attendant les moyens nécessaires pour passer le désert. Ces troupes descendues à terre eurent des malades; la peste en fit périr un certain nombre. Le général Baird ne recevant pas assez de chameaux pour ses transports, et craignant peut-être que le Vizir ne fût défait par les Français pendant qu'il passerait le désert, prit le parti de rappeler ses troupes et d'aller faire son débarquement à Kosseir. Des agens du Vizir furent envoyés dans la Haute-Egypte, afin d'engager les Arabes à lui fournir les chameaux nécessaires. Ce corps arriva à Kosseir le 3 prairial, à Kenneh le 19 prairial, et descendit fort lentement le Nil. Le général Baird était vers Siout, lorsque la convention pour l'évacuation du Kaire fut signée.

Le général Hutchinson arriva, le 28 floréal, à Terraneh, avec son corps d'armée et le Capitan-pacha ; il y séjourna quelques temps : à Ouardan il prit un nouveau séjour; ce fut là que les Mamlouks vinrent le joindre. Il n'arriva que le premier, messidor près d'Embabeh, pour faire l'investissement de Gizeh sur la rive gauche du Nil, tandis que l'armée du Vizir serrait la ville du Kaire sur la rive droite du fleuve. Les Anglais établirent aussitôt un pont de bateaux à Chobra, pour communiquer avec les Turks, et placèrent, sur chaque rive, un corps de troupes pour le garder.

La position des troupes françaises réunies au Kaire devenait fort difficile : les ennemis, il est vrai, montraient toujours la même timidité ; ils employaient des forces très-considérables pour faire reployer de faibles avant-postes ; mais ils les resserraient successivement sans les réunir davantage, puisqu'elles n'en étaient pas moins dispersées dans tous les forts et sur tous les points de l'enceinte immense de cette ville, de la Citadelle, de Boulak, du vieux Kaire et de Gizeh. Cette ligne de défense avait 12600 toises de développement. Il fallait à la fois résister aux attaques extérieures d'environ 45,000 hommes qui l'attaquaient, et contenir à l'intérieur une populace nombreuse, naturellement disposée aux émeutes, et qui, pouvant dès-lors prévoir que les Français évacueraient cette ville, devait chercher les moyens de se concilier le Vizir, pour éviter ses vengeances, et l'aider, par un soulèvement, à y pénétrer.

L'armée française ne pouvait faire une grande sortie, avec des forces suffisantes, pour livrer bataille à l'une des armées ennemies, sans dégarnir toute l'enceinte. Si elle avait agi contre l'armée anglaise, elle n'aurait pu empêcher les Turks d'entrer dans le Kaire; et si elle avait attaqué l'armée du Vizir, les Anglais se seraient emparés de Gizeh, où était une partie des magasins. Un pareil mouvement pouvait réussir, si les ennemis, trompés sur la faiblesse des postes restés devant eux, laissaient échapper cet avantage; mais aussi on perdait tout par un échec.

On ne pouvait donc plus espérer de battre les ennemis sous les murs du Kaire; la retraite sur Damiette, où il aurait été possible de trouver des ressources et de prendre une position défensive, était aussi peu praticable, depuis que cette ville et Lesbeh étaient occupés par les Turcs. Celle sur Alexandrie ne l'était pas davantage : les troupes auraient eu beaucoup de peine à y parvenir, en perdant au Kaire tous leurs équipages, et encore elles auraient accéléré la chute de cette place, par l'épuisement des magasins. Il ne restait d'autre parti, si on abandonnait le Kaire, que celui de se retirer dans la Haute-Egypte : mais il aurait fallu pouvoir y transporter des munitions, et presque toutes les barques avaient été perdues à Rahmanieh : d'ailleurs, quelles ressources espérer dans des lieux où la peste la plus affreuse dévorait les habitans...?

Si on ne trouvait pas qu'il y eût d'avantage à abandonner le Kaire, pour en sortir avec toutes les troupes disponibles, en laissant une garnison dans la citadelle, où elle se serait défendue aussi long-temps qu'il lui aurait été possible; on ne pouvait pas fonder plus d'espérance sur la défense du Kaire, où il n'y avait que 6000 hommes de troupes françaises en état de combattre, dispersées sur un développement immense, et trop faibles par-tout pour résister à une attaque sérieuse. La plupart des tours, qui défendaient l'approche de l'enceinte, pouvaient être renversées par quelques décharges d'artillerie. Tous ces postes, toutes ces fortifications, qui semblaient si redoutables aux ennemis, n'étaient réellement susceptibles que d'une défense très-courte. Les troupes avaient élevé, avec la plus grande activité, quelques redoutes plus solides entre le Kaire et Boulak. Quelques flèches, ou plutôt des fossés peu profonds, creusés en avant du mur d'enceinte de Gizeh, arrêtaient les Anglais : ils ouvraient la tranchée pour les attaquer. Presqu'aucun point n'était à l'abri d'une attaque de vive force ; un seul étant forcé tout tombait, la réunion des corps isolés devenait impossible, chacun d'eux restait à la merci des ennemis ; et la révolte des habitans, qui se seraient alors déclarés, aurait doublé les embarras et les pertes des Français.

Les approvisionnemens avaient été négligés et même contrariés, avant la campagne. Depuis, les rentrées avaient été peu considérables, parce qu'on ne pouvait pas envoyer, dans les provinces, des détachemens suffisans pour en protéger la perception. Le directeur des revenus en nature, quoique l'ennemi fut aux portes du Kaire, alla dans la Haute-Égypte, avec une barque armée ; mais les villages, ravagés par la peste, étaient déserts ; il n'avait pas de troupes pour pénétrer dans l'intérieur des terres, où Mulley-Mahammed était en force, et il dut rentrer au Kaire.

Quelques fourages qu'on fit dans la province de Giseh, où la récolte était à peine finie, ne suffisaient pas pour fournir à la consommation des troupes et aux envois qu'on expédiait à Rahmanieh : on dut acheter des grains, et au moment du blocus, on n'avait des vivres que jusqu'à la fin de messidor.

Les caisses étaient vides au moment de l'entrée en campagne; depuis ce temps on n'avait reçu que le produit de quelques droits levés au Kaire; les officiers et diverses personnes attachées à l'armée versèrent leurs épargnes, pour subvenir aux dépenses journalières. Les magasins de l'artillerie avaient été épuisés, pour répondre aux demandes réitérées du général Menou, et tout avait été encombré à Rahmanieh : il ne restait pas au Kaire 150 coups par pièce et on y manquait d'affûts de rechange.

La peste s'était déjà déclarée au Kaire, quelque temps avant la campagne; mais, depuis, elle y avait fait des progrès effrayans : les vieillards ne citaient que peu de grandes épidémies dont les ravages pussent lui être comparés. On estime à 40,000 le nombre des habitans qui en furent attaqués au Kaire, dans l'espace de quatre mois. Le nombre des Français qui entraient au Lazaret s'était élevé jusqu'à 150 par jour; mais les médecins, qui devaient leur expérience sur cette maladie à leur courageux dévouement, guérissaient à-peu-près les deux tiers des malades. La peste commençait à diminuer en messidor; les hôpitaux étaient cependant encore remplis; un grand nombre de soldats s'y trouvaient retenus par la longue convalescence qui succède à cette maladie.

Le général Belliard n'avait reçu du général Menou que des lettres vagues. Le seul point sur lequel il insistât était la défense du Kaire ; mais il n'avait envoyé aucune instruction générale. Depuis la retraite de Rahmanieh, la communication avait été difficile, néanmoins deux détachemens de dromadaires étaient arrivés par le désert : comme ils n'apportaient aucune instruction, le général Belliard écrivit pour en demander. Ce défaut de communication avec Alexandrie conservait en partie, aux troupes du Kaire, la tranquillité morale : la terreur, l'espionnage et les divisions n'y existaient comme à Alexandrie. Cependant le général Menou avait établi précédemment des correspondances avec des subalternes, et était parvenu à en fanatiser quelques-uns. Au lieu d'entourer de la confiance des troupes les officiers qui les commandaient, on excitait les soupçons contre plusieurs d'entr'eux, on s'attachait principalement à poursuivre ceux qui étaient trop francs pour déguiser l'estime et l'attachement qu'ils avaient pour le général Reynier. Quoique toutes ces manœuvres fussent de nature à décourager les troupes, elles ne purent effacer en elles ce zèle et ce dévouement, qu'elles avaient montrés dans les circonstances les plus pénibles, et qui les disposait à tout souffrir, à tout entreprendre pour conserver l'Egypte, ou du moins différer sa perte. Mais il aurait fallu des moyens, et nous avons vu qu'ils manquaient; on ne pouvait sortir pour combattre les ennemis, sans s'exposer à de grands revers; la retraite dans la Haute-Égypte n'offrait aucune ressource. Si les ennemis tentaient une attaque contre l'une des parties de l'enceinte, ils devaient réussir à la forcer, et contraindre les troupes à se rendre à discrétion. Il ne restait donc d'autre parti que d'en imposer à des ennemis aussi pusillanimes, par une contenance fière et assurée, et de leur dicter les conditions de la retraite, avant que des succès leur eussent appris à connaître leur force.

On proposa, le 3 messidor, une suspension d'armes : les conférences durèrent jusqu'au 8. On avait réussi à intimider les ennemis; de faibles fortifications leur présentaient un extérieur redoutable. On signa, le 9, une convention par laquelle les troupes françaises devaient évacuer le Kaire, avec des conditions pareilles à celles du traité d'El-Arich. Elles emportaient leurs armes, leur artillerie, leurs équipages, emmenaient un certain nombre de chevaux et tout ce qu'elles jugeaient convenable, et devaient être conduites en France sur des bâtimens Anglais. Comme on ignorait si les approvisionnemens d'Alexandrie permettraient d'en prolonger la défense, on inséra, dans cette convention, une clause, par laquelle cette place serait libre d'accepter,

cepter, dans un délai limité, les mêmes conditions.

La garnison du Kaire eut douze jours pour préparer cette évacuation; elle se rendit ensuite à Aboukir, où elle s'embarqua. Dans sa marche du Kaire à Rosette, elle était accompagnée par l'armée anglaise, le corps du Capitan-pacha et les Mamlouks. La plus parfaite union régnait entre toutes ces troupes soumises, peu de jours avant, à l'obligation de s'entr'égorger.

L'armée ne pouvait laisser, en Egypte, les restes de Kléber, d'un général dont la perte était chaque jour plus vivement sentie. La cérémonie de leur translation, du fort d'Ibrahim-bey où ils étaient déposés, jusqu'à la djerme qui devait les transporter, fut annoncée par des salves de tous les forts. Les Anglais et les Turks, qui avaient été prévenus, pour que ce bruit d'artillerie, dans les circonstances où l'on était, ne leur causât pas d'inquiétude, voulurent concourir à ces honneurs funèbres et répondirent, par des salves réitérées, à celles des Français.

§. VI. *Blocus d'Alexandrie jusqu'à l'entière consommation des vivres. Son évacuation.*

Pendant que la moitié de l'armée anglaise et les deux armées turques agissaient dans l'intérieur de l'Egypte, et jusqu'après l'évacuation du

Kaire, il ne se passa aucun événement remarquable à Alexandrie. Les troupes étaient toujours campées sur les hauteurs de Nicopolis, et y remuaient beaucoup de terre. On enlevait des ouvrages de la place, des pièces de gros calibre pour armer ces retranchemens. Cette position, trop étendue pour le nombre des troupes, avait encore le défaut de nuire au rassemblement de forces suffisantes, pour s'opposer à l'établissement des Anglais au Marabou, qui devait être leur première opération offensive : au lieu que, si on s'était borné à la seule défense des ouvrages et de l'enceinte de la place, on aurait pu les dégarnir momentanément, pour opposer toutes les forces à l'ennemi, sur les points où il se serait présenté. La plus grande partie des ouvriers étant employée à ces retranchemens, on ne pouvait travailler que lentement à perfectionner les fortifications d'Alexandrie. On acheva cependant de revêtir sa nouvelle enceinte, et le général Menou fit construire un nouveau front sur le bord de la mer, pour fermer, du côté du port, la place où il était campé avec son quartier-général. La nécessité de clorre d'abord la ville, et de défendre son enceinte, avait fait retarder précédemment la construction de deux forts, l'un sur la hauteur dite de *Cléopâtre*, et l'autre sur celle près de la colonne de Pompée : ils étaient nécessaires pour défendre les approches, parce que l'ennemi, une fois établi à ces points, aurait de là commandé toute la ville d'Alexandrie, le port neuf et la communication des postes, et qu'il aurait pu s'en rendre maître en moins de six jours. On avait plusieurs fois parlé au général Menou de l'importance de ces ouvrages; le général Reynier les lui avait recommandés en partant. Après le départ de cet officier on y employa un plus grand nombre d'ouvriers, et ils furent rendus susceptibles de défense. L'inondation du lac Maréotis, qui venait baigner le pied des hauteurs de la colonne de Pompée et resserrait la position des Français, rendait l'occupation de ces hauteurs encore plus importante, parce qu'elle obligeait les ennemis à n'attaquer qu'un seul front d'Alexandrie, ou à diviser leur armée pour investir entièrement cette place. Les généraux Samson et Bertrand commandans le génie, et le général Songis commandant l'artillerie, dirigaient, autant qu'il dépendait d'eux, ces ouvrages d'après un bon système de défense; mais faisant d'inutiles efforts pour éclairer le général Menou, ils durent souvent se borner à exécuter les travaux et les dispositions ridicules qu'il leur prescrivait.

Le général Menou s'était fait illusion, sur les approvisionnemens d'Alexandrie et sur l'état des magasins, jusqu'au moment où toute communication avec l'intérieur de l'Egypte lui fut interdite. Ce ne fut qu'en prairial, qu'on s'occupa sérieusement à mettre de l'économie dans les consommations : on vit que les blés qui restaient en magasin seraient bientôt épuisés, et on y méla du riz pour la fabrication du pain, d'abord dans la proportion de deux tiers de blé et d'un tiers de riz, ensuite d'une moitié de blé et d'une moitié de riz. Les Arabes, attirés par l'appât du gain, apportèrent des grains à Alexandrie ; on acheta, à très-haut prix, pour les magasins de l'armée, tout ce qu'ils apportèrent : ces convois, dont quelques-uns furent assez considérables, fournirent, pendant deux mois, une partie du blé nécessaire pour la consommation. Les caisses étant vides, les officiers, les administrateurs, les négocians, etc., versèrent l'argent qu'ils avaient : on s'en servit pour payer les grains apportés par les Arabes, et pour quelques autres dépenses.

Quoique le spectacle de tant d'opérations désastreuses, les jalousies, les délations, et la terreur qui en était la suite, dussent porter le découragement dans toutes les ames, chacun était cependant résolu à souffrir, pour l'honneur de l'armée, et on sentait généralement que pour donner le temps de terminer les négociations de la paix, il était nécessaire de prolonger la défense d'Alexandrie.

Le général Menou, en faisant partir le général Reynier, n'avait pas écrit directement contre-lui; ensuite, dans des dépêches subséquentes, il annonça que ce départ avait éteint tous les partis qui paralysaient ses opérations; il renouvela l'engagement de conserver l'Egypte, et continua de tromper le gouvernement, par de faux rapports sur la situation de l'armée et sur les événemens de la campagne; croyant détruire, par des espérances flatteuses, l'effet que devait produire l'annonce de toutes ses fautes. Quoique la conduite du général Menou envers le général Reynier ne pût être justifiée, des succès lui auraient cependant donné une excuse apparente; mais il fallait savoir se les procurer; il fallait pouvoir sentir que le seul moyen de les obtenir était la réunion de l'armée, et des manœuvres actives et audacieuses dans l'intérieur de l'Egypte ; il fallait sentir qu'au lieu de rester campé dans Alexandrie, la place du général en chef était près du corps le plus considérable qui se trouvait au Kaire.

Les membres de l'institut et de la commission des arts, qui, après les premiers événemens de la campagne, étaient venus à Alexandrie, comme à l'endroit le plus sûr pour des non-combattans, avaient obtenu, à la fin de floréal, l'autorisation de partir pour la France : ils s'étaient embarqués sur un petit bâtiment. Au moment où ils sortirent du port, les Anglais leur refusèrent le passage : ils voulurent y rentrer, on les menaça de les couler : enfin, après quelques jours d'anxiété, le général Menou leva sa défense, et ils revinrent à Alexandrie, où, incorporés dans une garde-nationale composée d'employés et autres Français non militaires, ils firent le service intérieur de la place.

L'article du traité d'évacuation du Kaire, qui donnait au général Menou la faculté d'en profiter pour la garnison d'Alexandrie, lui fut notifié le 18 messidor. Étant prévenu des négociations de paix, il était nécessaire d'en prolonger la défense, aussi long-temps que les approvisionnemens et la timidité des ennemis le permettraient. On savait aussi que la flotte de l'amiral Ganthaume était en route pour apporter des secours : la corvette l'Héliopolis, qui entra, à la fin de prairial, dans le port, avait été détachée de cette flotte, lorsqu'elle dut s'éloigner, ayant été aperçue par les Anglais à trente lieues d'Alexandrie : elle pouvait cependant encore y arriver, et donner de nouveaux moyens de défense. On sentit généralement la force de ces motifs, et la proposition fut rejetée.

Il aurait peut-être convenu de se rendre alors un compte exact des approvisionnemens d'Alexandrie, et du temps qu'on pourrait encore y tenir; de prévoir que la première opération des Anglais serait de s'emparer du Marabou, et d'intercepter ainsi les vivres que les Arabes apportaient; de retarder le plus possible l'acceptation du traité, par des négociations incidentes ; et de se ménager ainsi les moyens de sauver les bâtimens, qui se trouvaient dans le port d'Alexandrie.

Le général Menou se hâta d'expédier, en France, un bâtiment pour dénoncer l'évacuation du Kaire : il ne sentit pas que c'était se dénoncer lui-même ; puisque cette évacuation était un résultat de ses mauvaises dispositions ; puisque le principal corps de l'armée étant là, lui, général en chef, aurait dû s'y trouver pour employer des moyens capables de prévenir cette évacuation. Il joignait à cette dénonciation l'annonce qu'il avait des vivres pour plusieurs mois, l'assurance de ne jamais capituler à Alexandrie, et la promesse de s'enterrer sous les ruines de cette ville. Lorsqu'on prend, à la face de l'Europe, de pareils engagemens, il faut savoir les tenir.

Les armées anglaises et turques avaient suivi la garnison du Kaire jusqu'à Aboukir ; dès que la plus grande partie en fut embarquée, leurs généraux, apprenant que les propositions relatives à l'évacuation d'Alexandrie avaient été rejetées, et que les Arabes y portaient des vivres, ignorant aussi combien de temps la garnison pourrait y subsister, se déterminèrent à entreprendre des opérations, pour en accélérer la reddition.

Le 28 thermidor ils augmentèrent la flotille qu'ils avaient dans le lac Maréotis, et y firent entrer un grand nombre de chaloupes et de petites barques, pour le transport des troupes. Ils projettèrent de détourner l'attention des Français, par une fausse attaque sur leur camp des hauteurs de Nicopolis, tandis qu'ils débarqueraient près du Marabou, et s'établiraient sur la langue de terre qui sépare le lac de la mer. Nous avons vu plus haut, qu'outre le défaut de la position de Nicopolis, d'être trop étendue pour le petit nombre des troupes françaises, elle avait encore celui d'occuper toutes les forces disponibles, et qu'il n'en restait plus suffisamment pour opposer aux autres attaques.

Le 29 thermidor, avant le jour, une troupe de 2000 Albanais attaqua un mamelon, qui domine le bord de la mer en avant de la gauche du camp des Français, et travailla aussitôt à s'y retrancher. L'avant-poste qui l'occupait se retira dans les retranchemens, dont l'artillerie tira avec succès sur les ennemis; deux compagnies de grenadiers sortirent alors, coururent sur eux, et les forcèrent à fuir en abandonnant plusieurs morts et blessés. Ils se réunirent près du camp des Anglais, et se bornèrent à tirailler, pendant le reste de la journée, avec les avant-postes. L'armée anglaise avait marché pendant ce temps : 6000 hommes se déployèrent derrière la hauteur, située entre les étangs et le premier pont du canal d'Alexandrie; l'avant-poste qui y était se retira vers ce pont.

Cette hauteur étant à portée de canon du camp des Français, les Anglais restèrent masqués derière elle, et ne firent paraître qu'un petit corps de troupes. Le général Menou envoya deux compagnies de grenadiers de la 25.me, deux autres de la 75.me, ainsi qu'un bataillon de cette demi-brigade, en tout 400 hommes, pour chasser ce corps de 6000 ennemis. Les soldats exécutèrent cet ordre avec toute la vigueur qu'on pouvait attendre d'eux ; ils montèrent sur la hauteur au pas de charge, et chassèrent les premiers tirailleurs Anglais ; mais arrivés sur la crête, ils reçurent les décharges de la ligne anglaise, et, se voyant trop faibles, ils regagnèrent le camp, sans que les ennemis fissent aucun mouvement pour les poursuivre : ils avaient alors de la cavalerie, et n'en profitèrent pas pour couper la retraite à cette petite troupe.

On apercevait alors le lac Maréotis couvert de barques et de chaloupes remplies de troupes, protégées par 50 chaloupes et barques canonnières. Toute cette flotille était déjà, au lever du soleil, en face de la Colonne de Pompée : le vent contraire avait retardé sa marche, et l'avait empêchée d'arriver au point du jour au lieu du débarquement. On la voyait se diriger vers l'embouchure d'un canal comblé, par lequel le lac Maréotis communiquait autrefois avec la mer. C'était là que les 18 chaloupes, qui composaient la flotille française, étaient placées, sous la protection de trois pièces de 18, depuis qu'on avait évacué l'île de Mariout quelques jours auparavant. Il était évident que cette flotille se dirigeait sur ce point, et qu'elle irait débarquer les troupes un peu plus loin, afin de s'établir sur la langue de terre du Marabou et d'attaquer ce poste; mais on ne put jamais le faire comprendre au général Menou. Le général Songis, qui pénétra le premier le dessein des ennemis, lui dit vainement de ne pas s'inquiéter de leur fausse attaque sur le camp de Nicopolis, et de faire marcher des troupes pour s'opposer à l'exécution de leur attaque réelle; il resta toujours, avec le principal corps, au camp de Nicopolis, et ne fit suivre la marche de la flotille que par un bataillon de la 21.e légère, cent guides à pied, et cent vingt dragons. Ce corps, de cinq cents hommes seulement, marcha à la hauteur de la flotille, jusques vers le Marabou, où les barques se divisèrent pour débarquer sur deux points différens. Il était trop faible pour empêcher les 6000 hommes, que portait cette flotille, de s'établir sur une plage unie, commandée par le feu de toutes les chaloupes canonnières, et se retira vers les ravines de l'ancien canal. La flotille française était trop inférieure à celle des ennemis, pour se maintenir sur le lac; il n'existait aucune anse où elle pût se mettre à l'abri, et devenait inutile. On voulut essayer de la convertir en brûlots lorsque la flotille anglaise passa, afin d'y mettre du désordre ; mais le vent ne favorisant pas ce projet, elle brûla trop loin d'eux pour leur faire du mal.

Les Anglais, après s'être établis à terre, attaquèrent le poste du Marabou, et le canonnèrent vivement par terre et par mer. Ce poste, qui n'était qu'une ancienne mosquée, bâtie sur un rocher détaché du continent, fut bientôt détruit : il capitula le 3 fructidor. De trois avisos qui étaient mouillés près de ce fort, deux furent coulés, et le troisième rentra, dès le premier fructidor, à Alexandrie, fort endommagé.

Après la prise du Marabou, les Anglais firent entrer, le 4 fructidor, dans la partie extérieure du port vieux, une frégate, six corvettes et plusieurs bâtimens légers et canonnèrent vivement le corps de troupes qui s'était posté, le 29 thermidor, sur les bords de l'ancien canal. Ils prenaient de revers sa droite, tandis que le feu de la flottille du lac Maréotis écrasait sa gauche. L'armée anglaise vint, en même-temps, occuper cette position ; elle était forte alors de plus de 8000 hommes, parce qu'elle avait reçu des renforts, et entre autres un régiment de dragons, et 500 Mamlouks. Malgré cette supériorité, elle ne poussa pas vivement le petit corps de 600 Français, qui, parfaitement dirigé par le général Eppler, les arrêta un moment et se retira ensuite en bon ordre.

Les troupes française prirent alors position, la droite au fort Leturcq, et la gauche aux hauteurs de la colonne de Pompée ; on tira quelques troupes du camp de Nicopolis pour occuper ces dernières : il restait seulement 2200 hommes pour défendre ce front, et les retranchemens du camp de Nicopolis, contre l'armée anglaise : le reste des troupes gardait les ouvrages d'Alexandrie, avec les marins, les invalides, les convalescens et la garde nationale.

Il était sur-tout nécessaire d'empêcher les ennemis de s'emparer du fort Leturcq, parce que s'ils y avaient établi des batteries, ils pouvaient de là, couler tous les bâtimens qui étaient dans le port vieux.

Les Anglais restèrent quelques jours sans rien entreprendre ; mais le 8, vers onze heures du soir, environ 800 cavaliers Anglais et Mamlouks tournèrent les premiers avant-postes, et en enlevèrent quelques-uns, tandis qu'une colonne d'infanterie suivait le bord de la mer. Les 3.mes bataillons des 18.me et 21.me l'arrêtèrent assez long temps ; mais, se voyant pris en flanc par la cavalerie, ils se retirèrent sur le fort Leturcq. Les Anglais n'ayant pu réussir à enlever ce fort dans cette surprise, s'établirent auprès et commencèrent des tranchées, pour l'attaquer dans les règles.

Les troupes étaient disséminées autour d'Alexandrie, et par-tout trop faibles pour résister aux attaques des ennemis, qui, sur tous les points, pouvaient se présenter avec des forces infiniment plus nombreuses. Le seul parti à prendre pour en prolonger la défense, était de la considérer comme un grand camp retranché, de se renfermer dans les ouvrages et de conserver toujours au centre un gros corps disponible, qu'on aurait opposé à l'ennemi, sur les points où il aurait attaqué l'enceinte. Pour cet effet, il aurait fallu évacuer le camp de Nicopolis, et ne conserver en dehors de la place, que le fort Leturcq, les hauteurs de la colonne de Pompée, une partie de l'enceinte des Arabes et la redoute de Cléopâtre. Par ce moyen, on aurait pu disputer encore quelque temps la prise d'Alexandrie contre des ennemis peu entreprenans. Mais, lors même que le général Menou aurait su prendre ce parti, il n'était plus temps de l'adopter, parce que les vivres et l'eau allaient manquer; il n'en restait que jusqu'aux premiers jours de vendémiaire. Les soldats, qui ne recevaient depuis long-temps que du pain, composé de moitié blé et moitié riz, et un peu de viande de cheval, étaient épuisés par cette mauvaise nourriture, et l'eau, devenue saumâtre, donnait naissance à beaucoup de maladies, particulièrement au scorbut; les hôpitaux étaient encombrés de plus de 2000 malades; d'autres, convalescens ou éclopés, n'étaient en état de faire que le service des forts; il ne restait pas 3000 hommes en état de se battre, et ils étaient accablés par les privations et la fatigue des journées précédentes.

D'après ces réflexions, on fut convaincu que, lors même qu'on pourrait défendre encore quelque temps Alexandrie, la famine forcerait bientôt à capituler, et qu'il valait mieux s'y résoudre avant que les Anglais eussent resserré davantage la place et obtenu quelques succès, parce qu'on pourrait encore leur dicter les conditions de l'évacuation : mais personne n'osait en parler au général Menou, qui ne savait ni comment combattre, ni comment capituler ; qui, quarante jours auparavant, annonçait au gouvernement qu'il avait des vivres pour six mois, et son inébranlable résolution de ne jamais capituler. Cependant quelques généraux et chefs de corps lui firent part de leur opinion, le 9 fructidor. Le général Menou envoya aussitôt aux Anglais un parlementaire, pour demander une suspension d'armes de trois jours, pendant lesquels on traiterait de l'évacuation : elle lui fut accordée. Les généraux furent assemblés le lendemain en conseil de guerre : on y arrêta qu'il était inutile de prolonger la défense, et on fixa les conditions qu'on pourrait proposer. Le général Menou, toujours fidèle à son système de rejeter ses fautes sur les autres, dit que c'était l'évacuation du Kaire qui entraînait celle d'Alexandrie, et ne parla plus de s'ensevelir sous les ruines de cette place. Il fut dressé procès-verbal de ce conseil de guerre, et des motifs qui déterminaient à traiter ; la capitulation fut signée le 12, et ratifiée le 13 par les généraux en chef.

On remit, le 15 fructidor, les forts Leturq et Duvivier et le camp de Nicopolis aux Anglais, qui s'engagèrent à fournir les bâtimens nécessaires au transport de la garnison en France ; elle s'embarqua avec armes et bagage. Les trois frégates et les autres bâtimens qui se trouvaient dans le port d'Alexandrie, furent remis aux ennemis. Le capitaine Villeneuve commandait ces frégates : il avait voulu, lorsqu'on se disposait à capituler, essayer de sortir pendant la nuit, afin de sauver ces bâtimens, s'il était possible, ou de ne les perdre au moins qu'après un combat ; mais il n'avait pu en obtenir l'agrément du général Menou.

On avait maladroitement inséré, dans la capitulation, un article relatif aux collections faites par les membres de l'institut et de la commission des arts ; les Anglais n'avaient pas voulu l'accorder : mais les naturalistes, par leur fermeté dans le refus d'abandonner leurs collections, et la menace de les brûler, surmontèrent ces difficultés. On ne laissa que quelques statues grossièrement sculptées et un sarcophage de granit.

Les troupes commencèrent à s'embarquer

dans la première décade de vendémiaire. Quelques bâtimens quittaient les côtes d'Egypte, lorsqu'on signait à Londres les préliminaires de la paix, et l'article par lequel cette province devait être restituée aux Turks.

Ainsi s'est terminée l'expédition d'Egypte: tant il est vrai qu'un chef inhabile détruit, par sa seule influence, tous les ressorts qui lui sont confiés. Mais peu d'armées sans doute ont plus de droit à l'admiration que celle d'Orient. Transportée sur un sol étranger, l'événement funeste du combat naval d'Aboukir, pose une barrière entre elle et sa patrie; elle n'en est point abattue, une marche rapide la porte au centre du pays; tous ses pas y sont marqués par des victoires. Chaque jour lui offrait des fatigues sans nombre, des dangers toujours renaissans, des privations de tous les genres : aucune de ces jouissances, qui, avec les combats, partagent les momens du militaire, et lui font oublier les fatigues de sa vie. Tous, officiers, soldats, supportaient volontiers cette existence pénible, appréciant par l'opiniâtreté que les ennemis mettaient dans leurs attaques réitérées, combien la possession de l'Egypte serait utile à leur patrie, et cette idée compensait à leurs yeux tout ce qu'ils avaient à souffrir.

Les revers qu'elle a éprouvés, dans la dernière campagne, n'atteignent point sa gloire. Disséminée par les dispositions de son chef, elle en a long-temps imposé, sur tous les points, à des ennemis toujours supérieurs en nombre ; et son attitude fière, dans les momens les plus difficiles, a constamment ralenti leur marche.

La seule opération qui fasse honneur aux Anglais, est leur débarquement, et ils en doivent la réussite à leur marine ; car 6000 hommes qu'elle parvint à jeter à la fois sur la côte, furent ébranlés par 1700 hommes obligés de veiller, en même-temps, sur toute l'étendue de la baye d'Aboukir, et qui, par conséquent, ne purent agir ensemble sur le point d'attaque.

L'armée anglaise, après son débarquement, ne tente que le 22 ventôse de s'approcher d'Alexandrie. Elle aurait dû y rencontrer l'armée française réunie ; il n'y avait que 4000 hommes, qui lui disputent le terrain et l'intimident au point qu'elle n'ose attaquer cette place ; et, loin de profiter de ses avantages, elle prend la défensive et se retranche.

Le 30 ventôse, les Français vont l'attaquer, dans une position resserrée qu'elle avait eu le temps de fortifier ; des chaloupes canonnières, sur la mer et sur le lac Maadieh, couvraient ses flancs ; le nombre de ses troupes était double : l'obscurité de la nuit, la mort de plusieurs chefs jettent du désordre dans l'armée française, et celui qui la commande, se tenant à l'écart, ne peut la réorganiser lui-même, et n'en veut confier le soin à personne ; il fait écraser la cavalerie ; l'armée est obligée de se retirer, et les Anglais manquent encore cette occasion de profiter de leurs succès.

Renfermés dans leurs retranchemens, ils n'essayent d'en sortir que 20 jours après, pour aller à Rosette, poste important pour eux, et que l'armée française ne protégeait pas.

Ils y restent un mois avant de s'étendre du côté de Rahmanieh, qu'il leur était également utile d'occuper, pour intercepter toute communication entre Alexandrie et le Kaire. Le corps de troupes françaises qu'ils y trouvent, trop faible pour leur résister, se retire sur le Kaire. Il était de leur intérêt d'en suivre rapidement la marche, et ils employent quarante jours à parcourir un espace que les Français parcouraient ordinairement en quatre.

Ils arrivent enfin au Kaire avec le Capitan-pacha ; là, ils se joignent au Vizir, et ces armées réunies, six fois plus nombreuses que les Français, craignent encore les chances des combats, et reçoivent la loi, plutôt qu'elles ne la dictent, dans le traité d'évacuation.

Ils redescendent ensuite vers Alexandrie ; la même lenteur y préside à toutes leurs opérations, et c'est le défaut de vivres, bien plus que leur audace, qui en accélère la chute.

L'expédition des Anglais a réussi, mais ils n'y ont recueilli que la gloire du succès, parce que jamais ils ne surent commander la victoire, ni par leurs dispositions, ni par leur bravoure, ni par leur audace. Leur marche timide, malgré leur énorme supériorité, dénote aisément quelle aurait été leur destinée, si le chef de l'armée d'Orient avait été digne d'elle.

TABLE.

FIN DE LA TABLE.

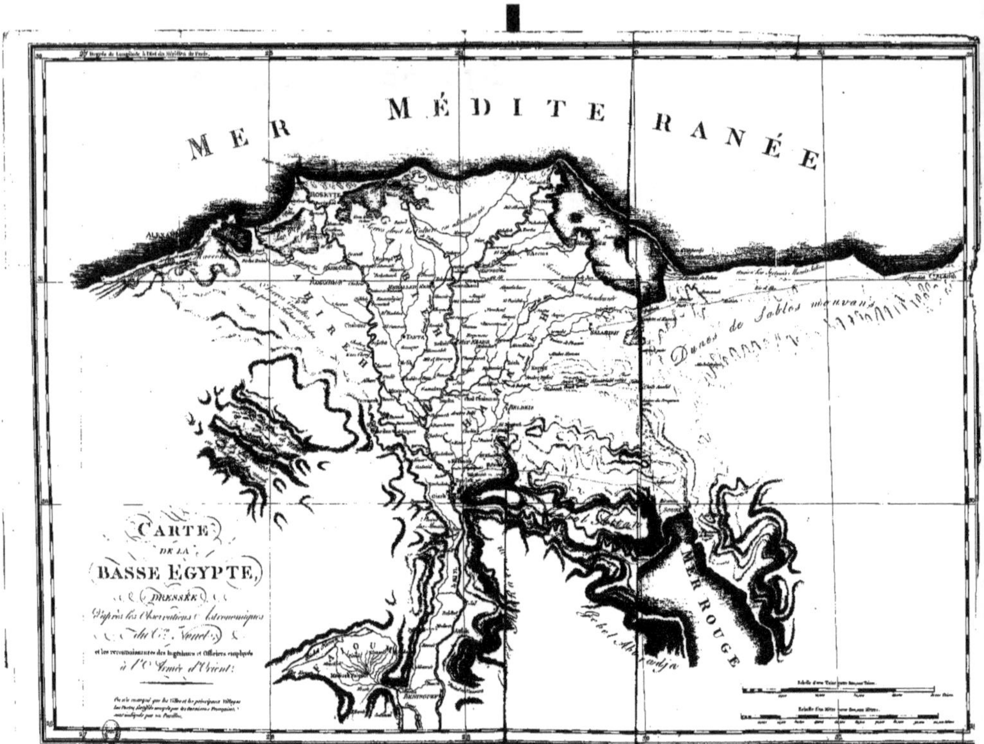
MER MÉDITERRANÉE
CARTE
DE LA
BASSE EGYPTE,
DRESSÉE
D'après les Observations Astronomiques
du Cen. Nouet
et les reconnoissances des Ingénieurs et Officiers employés
à l'Armée d'Orient.
Dunes de Sables mouvans
MER ROUGE
ROSETTE
TANTA
BELBEIS
SALAHIEH

N.° 1.

SITUATION DE L'ARMÉE D'ORIENT

AU 10 VENTOSE AN IX.

EMPLACEMENS DES TROUPES.	NOMS DES CORPS.	INFANTERIE. Nombre d'hommes en état d'entrer en campagne.	INFANTERIE. Dépôts, invalides, etc. faisant le service des forts, et marins employés sur les bâtimens du Nil.	CAVALERIE. NOMBRE D'HOMMES.	CAVALERIE. CHEVAUX EN ÉTAT DE SERVIR.
Le Kaire,	9.e demi-brigade	794	55		
	32.e idem	841	56		
	88.e idem	890	66		
	Détachement de la 22.e légère	284	83		
	4.e légère	790	34		
	18.e de ligne	724	46		
	69.e idem	805	35		
	85.e idem	825	45		
La citadelle,	Art. en garnison et ouvriers		353		
	Marins employés sur le Nil		100		
Gizeh,	1.er bataillon d'invalides		258		
	Dépôt de la 21.e légère		102		
	Bataill. de sapeurs et ouvriers étrangers		154		
Boulak, etc.	Dromadaires	243			
	Guides à pied	290		80	72
	Légions grecque et copte		850		
	Détachement des 2.e et 51.e	462			
	3.e bataillon de la 25.e	230			
Compris des détachemens qui étant en tournée pour la paiement des contributions, à deux ou trois journées du Kaire, au nombre d'environ 800 hommes.	7.e régiment d'hussards			270	240
	22.e régiment de chasseurs			279	230
	14.e régiment de dragons			260	196
	15.e idem			281	1[illegible]
	Dét. du 3.e drag.			75	73
	Mamlouks et Syriens			253	138
Belbeis.	Détachement de la 22.e légère	80			
	Idem du 14.e de dragons			25	25
	Art. et sapeurs		82		
Salahieh.	22.e légère	430			
	Dromadaires	30			
	14.e de dragons			26	25
	Syriens			25	25
	Art. et sapeurs		110		
TOTAL		7730	2744	1476	1168

EMPLACEMENS DES TROUPES.	NOMS DES CORPS.	INFANTERIE. Nombre d'hommes en état d'entrer en campagne.	INFANTERIE. Dépôts, invalides, etc. faisant le service des forts, et marins employés sur les bâtimens du Nil.	CAVALERIE. NOMBRE D'HOMMES.	CAVALERIE. CHEVAUX EN ÉTAT DE SERVIR.
De l'autre part		7780	2744	1475	1168
Souez.	Détach. de la 9.e	100			
	Art. et sapeurs		80		
A Damiette, Lesbeh, Omm-Fareje, Mansoura, Mit Kreme.	2.e légère	640	80		
	85.e de ligne	542	60		
	20.e de dragons			213	188
	Art. et sapeurs		200		
	Marins des bâtimens qui se trouvaient à l'embouchure du Nil et sur le lac Menzaleh		160		
	Invalides		60		
Alexandrie et Aboukir.	61.e demi-brigade	750	80		
	75.e — id.	950	50		
	18.e de dragons			190	216
	Artillerie		450		
	Sapeurs		180		
	Marins		1400		
	Invalides		240		
	Dét. de la 51.e	200			
Rosette, fort Julien, et Bourlos.	Détachement de la 51.e	160	50		
	Idem de la 25.e	100	50		
	3.e de dragons			180	160
	Artillerie		80		
	Sapeurs		30		
	Marins		220		
	Invalides		55		
A Rahmanieh ou en tournée dans le Delta.	25.e demi-brigade	850			
	Détach. de la 75.e	80			
	Détachement du 20.e de dragons			80	80
	Artillerie		28		
	Marins		100		
Benisouef.	21.e légère	880	60		
Haute-Égypte.	21.e légère	800			
	Artillerie		30		
	Sapeurs		20		
	Marins		60		
TOTAL		13372	6494	2135	1681

Troupes susceptibles d'entrer en campagne, mais réparties sur toute l'étendue de l'Égypte.

Infanterie	13,372
Cavalerie	1,681
Total	15,053

Troupes susceptibles seulement du service des garnisons.

Infanterie, artillerie, etc.	5894
Cavaliers à pied	477
Total	6371

Nota. Ces nombres indiquent seulement les soldats en état de porter les armes; les tambours et musiciens des corps y sont cependant compris. Pour avoir le nombre des Français, qui étaient à cette époque en Égypte, il faut y ajouter 1061 officiers de toutes armes; 858 canonniers servant les pièces de campagne; 751 gardes, conducteurs et charretiers d'artillerie; 998 malades aux hôpitaux; 434 employés des diverses administrations du pays et de l'armée; 107 médecins, chirurgiens et pharmaciens; et 95 personnes de la commission des arts. Il faut retrancher du total 1148 Coptes, Syriens et Grecs, qui composaient les corps auxiliaires.

ORDRE DE BATAILLE DE L'ARMÉE.

INFANTERIE.

Général de division Reynier. { Général de brigade Robin. { 22.e lég. 2 p. de 4; 9.e de ligne 2. Général de brigade Baudot. { 13.e idem 2; 85.e idem 2. Une compagnie d'artillerie avec 4 pièces de 8 et 2 obusiers.

Général de division Friant. { Général de brigade Zayonchek. { 25.e 2 p. de 4. Général de brigade Delegorgue { 61.e 2; 75.e 2. Une compagnie d'artillerie, 4 pièc. de 8 et 2 obusiers.

Général de division Lanusse. { Général de brigade Silly. { 4.e lég. 2 p. de 4; 18.e de lig. 2. Général de brigade Valentin. { 69.e 2; 88.e 2. Une compagnie d'artillerie légère, 4 pièces de 8 et 2 obus.

Général de division Rampon. { Général de brigade Morand. { 2.e lég. 2 p. de 4; 32.e de ligne 2. Une compagnie d'artillerie légère, 4 pièces de 8 et 2 obus.

CAVALERIE

Artillerie. { Général de division Songis, commandant. Général de brigade Faultrier.

Génie. { Général de brigade Samson, commandant. Général de brigade Bertrand.

Place du Kaire. { Général de division Belliard, commandant. Généraux de brigade { Galbaud. Duranteau.

Haute-Égypte. Général de brigade Donzelot.

Aux ordres du général de brigade Roize.

Général de brigade Bron. { 7.e régiment d'hussards. 22.e — de chasseurs. Mamlouks et Syriens.

Général de brigade Boussart. { 3.e régiment de dragons. 14.e — idem. 15.e — idem. 20.e — idem.

Une compagnie d'artillerie légère, 4 pièces de 8 et 2 obusiers.

Généraux sans destination.

Général de division Damas.

Général de brigade Destin.

Général de brigade Almeiras.

N.° 3.

ÉTAT

DES ARMÉES ANGLAISES ET TURQUES EMPLOYÉES CONTRE L'ÉGYPTE.

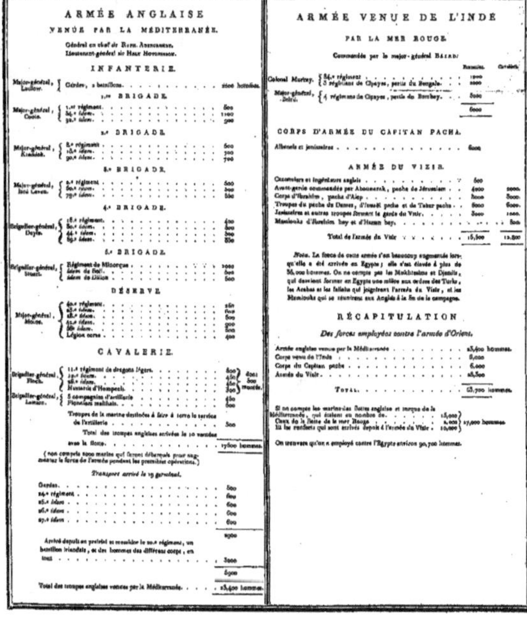

ARMÉE ANGLAISE

VENUE PAR LA MÉDITERRANÉE.

Général en chef sir Ralph Abercromby.
Lieutenant-général sir Hely Hutchinson.

INFANTERIE.

Major-général, Ludlow.	Gardes, 2 bataillons	2000 hommes.

1.re BRIGADE.

Major-général, Coote.	1.er régiment	800
	54.e idem	1100
	92.e idem	900

2.e BRIGADE.

Major-général, Kraddok.	8.e régiment	600
	13.e idem	700
	90.e idem	700

3.e BRIGADE.

Major-général, lord Cavan.	2.e régiment	500
	50.e idem	500
	79.e idem	550

4.e BRIGADE.

Brigadier-général, Doyle.	18.e régiment	400
	30.e idem	500
	44.e idem	300
	89.e idem	350

5.e BRIGADE.

Brigadier-général, Stuart.	Régiment de Minorque	1000
	Idem de Roll	600
	Idem de Dillon	500

RÉSERVE.

Major-général, Moore.	40.e régiment	260
	23.e idem	600
	28.e idem	500
	42.e idem	900
	58.e idem	500
	Légion corse	400

CAVALERIE.

Brigadier-général, Finch.	11.e régiment de dragons légers	800	dont 500 montés.
	12.e idem	450	
	26.e idem	460	
	Hussards d'Hompesch	300	
Brigadier-général, Lawson.	5 compagnies d'artillerie	480	
	Pionniers maltais	500	

Troupes de la marine destinées à faire à terre le service de l'artillerie . . . 500

Total des troupes anglaises arrivées le 10 ventôse avec la flotte . . . 17500 hommes.

(non compris 1000 marins qui furent débarqués pour augmenter la force de l'armée pendant les premières opérations.)

Transport arrivé le 19 germinal.

Gardes	500
24.e régiment	600
25.e idem	600
26.e idem	600
27.e idem	600
	2900

Arrivé depuis en prairial et messidor le 20.e régiment, un bataillon irlandais, et des hommes des différens corps, en tout . . . 3000

5900

Total des troupes anglaises venues par la Méditerranée . . . 23,400 hommes.

ARMÉE VENUE DE L'INDE

PAR LA MER ROUGE.

Commandée par le major-général Baird.

		Hommes.	Cavalerie.
Colonel Murray.	84.e régiment	1000	
	3 régimens de Cipayes, partis du Bengale	2000	
Major-général, Baird.	4 régimens de Cipayes, partis de Bombay	3000	
		6000	

CORPS D'ARMÉE DU CAPITAN PACHA.

Albanais et janissaires . . . 6000

ARMÉE DU VIZIR.

	Hommes.	Cavalerie.
Canonniers et ingénieurs anglais	500	
Avant-garde commandée par Abounerak, pacha de Jérusalem	4000	2000.
Corps d'Ibrahim, pacha d'Alep	2000	3000.
Troupes du pacha de Damas, d'Ismaël pacha et de Tahar pacha	6000	6000.
Janissaires et autres troupes formant la garde du Vizir	3000	1000.
Mamlouks d'Ibrahim bey et d'Hassan bey		800.
Total de l'armée du Vizir	15,500	12,800

Nota. La force de cette armée s'est beaucoup augmentée lorsqu'elle a été arrivée en Égypte; elle s'est élevée à plus de 36,000 hommes. On ne compte pas les Mokhtesims et Djendis, qui devaient former en Égypte une milice aux ordres des Turks, les Arabes et les fellahs qui joignirent l'armée du Vizir, et les Mamlouks qui se réunirent aux Anglais à la fin de la campagne.

RÉCAPITULATION

Des forces employées contre l'armée d'Orient.

Armée anglaise venue par la Méditerranée	23,400 hommes.
Corps venu de l'Inde	6,000
Corps du Capitan pacha	6,000
Armée du Vizir	28,300
TOTAL	63,700 hommes.

Si on compte les marins des flottes anglaise et turque de la Méditerranée, qui étaient au nombre de . . . 15,000; Ceux de la flotte de la mer Rouge . . . 2,000; Et les renforts qui sont arrivés depuis à l'armée du Vizir . . . 10,000 } 27,000 hommes.

On trouvera qu'on a employé contre l'Égypte environ 90,700 hommes.

N.° 3.

TABLEAU DES TROUPES FRANÇAISES,

Rassemblées en avant d'Alexandrie, le 29 Ventôse an 9

INFANTERIE.

AILE DROITE.

Commandée par le général de division Reynier.

Généraux de division.	Généraux de brigade.	Noms des corps.	Force.	Pièces de 4	8	12	ob.
Damas.	Baudot.	13.e demi-brigade de ligne.	840	2	3	»	1
		85.e *idem*.	860	2	»	»	»
Friant.	Délegorgue.	25.e *idem*.	650	2	3	»	2
		61.e *idem*.	600	2	»	»	»
		75.e *idem*.	500	1	»	»	»
		Total.	3450	9	6	»	3

CENTRE.

Commandé par le général de division Rampon.

Généraux de brigade.	Noms des corps.	Force.	Pièces de 4	8	12	ob.
Eppler, chef de brigade de la 21.e légère.	Grenadiers grecs.	100				
	2 compag. de grenad. de la 25.e	120	»	»	»	»
	1 compag. de carabiniers de la 21.e	80				
Destin.	1.er et 2.e batail. de la 21.e légère.	700	1	»	»	»
L'adjudant-commandant Sornet.	Carabiniers de la 2.e légère.	180	»	»	»	»
	Grenadiers de la 32.e de ligne	150	»	»	»	»
	32.e demi-brigade de ligne	700	2	»	»	»
	Total	2030	1	»	»	»

AILE GAUCHE.

Commandée par le général de division Lanusse.

Généraux de brigade.	Noms des corps.	Force.	Pièces de 4	8	12	ob.
Silly.	4.e demi-brigade légère.	600	2	4	»	2
	18.e de ligne.	600	2	»	»	»
Valentin.	69.e *idem*.	800	2	»	»	»
	88.e *idem*.	700	2	»	»	»
	Total	2700	8	4	»	2
	Guides à pied et artillerie.	150	»	2	»	1
	Réserve d'artillerie	»	»	»	3	»
	Sapeurs.	50	»	»	»	»
	Total.	150	»	2	3	1

CAVALERIE.

Commandée par le général de brigade Roize.

Généraux de brigade.	Noms des corps.	Force.	Pièces de 8	Obus.
Bron	7.e régiment d'hussards.	200		
	22.e régiment de chasseurs	150		
		350		
Boussart.	3.e régiment de dragons	200	4	2
	14.e *idem*	250		
Roize	15.e *idem*	150		
	18.e *idem*	100		
	20.e *idem*	200		
		900	4	2
Dromadaires		150		

RÉCAPITULATION.

Aile droite.	3450 hommes.	
Centre	2030.	
Aile gauche	2700.	
Guides, artillerie et sapeurs.	150.	
Réserve de cavalerie	900.	
Corps de cavalerie détaché à droite	350.	
Dromadaires.	150.	
Bouches à feu. de 4		20
de 8		16
de 12.		3
obusiers		7
Total général.	9710 hommes.	46 bouches à feu.

www.ingramcontent.com/pod-product-compliance
Lightning Source LLC
LaVergne TN
LVHW020548230826
846091LV00002B/419

9782019683412